Eva Maria Lipp

Richtig gute Aufstriche

Eva Maria Lipp

Richtig gute AUFSTRICHE

Die besten Rezepte zum Selbermachen

löwenzahn

Inhalt

Abkürzungsverzeichnis

kg → *Kilogramm*
g → *Gramm*
l → *Liter*
ml → *Milliliter*
cl → *Centiliter*
TL → *Teelöffel*
KL → *Kaffeelöffel*
EL → *Esslöffel*
Pkg. → *Packung*
Msp. → *Messerspitze*
Stk. → *Stück*

Die Mengen sind, wenn nicht anders angegeben, für 4 Personen gedacht.

Die Klassiker

Die Kreativen

Die Elitären

Die Vegetarischen und Veganen

Die Süßen und Süß-Pikanten

Glossar

Asmonte → *österreichischer Parmesan*
Bähen → *leicht rösten*
Eierschwammerl → *Pfifferling*
Erdäpfel → *Kartoffeln*
Faschieren → *Fleisch durch den Fleischwolf drehen*
Fond → *Bouillon, Brühe*
Frühlingszwiebel → *Jungzwiebel*
Grammeln → *Grieben*
Heidelbeere → *Blaubeere*
Karfiol → *Blumenkohl*
Karotte → *Möhre, gelbe Rübe*
Kren → *Meerrettich*
Lauch → *Porree*
Marille → *Aprikose*
Marmelade → *Konfitüre*
Mascarino → *Mascarpone*
Rote Rüben → *Rote Beete, Rohnen*
Rotkraut → *Blaukraut*
Sauerrahm → *saure Sahne*
Schlagobers → *Schlagsahne*
Topfen → *Quark*
Vogerlsalat → *Acker- bzw. Feldsalat*
Weißkraut → *Weißkohl*
Zesten → *dünne Streifen aus Fruchtschale*

Vorwort

Schlicht und einfach – Aufstriche? Super Sache – Aufstriche!

Jeder kennt die Klassiker, aber wie bunt die Welt der Aufstriche darüber hinaus ist, wissen die wenigsten. Umso mehr freue ich mich, dass ich die besten Aufstrichrezepte für dieses Buch zusammentragen konnte.

Voller Energie habe ich mich auf das Thema eingelassen und schon kam mir eine Idee nach der anderen – beim Laufen, beim Bügeln, beim Zubereiten. Das ist eine schöne Erfahrung als Buchautorin!

Die Gliederung in diesem Buch ist eine besondere, und ich bin sicher, dass unter den 90 Rezepten jeder und jede findet, was ihm oder ihr zusagt. Eine herkömmliche Gliederung nach Grundzutaten schien mir nicht sehr praktikabel. Man hätte die vielen innovativen Ideen oder auch die vegetarischen und veganen Rezepte nicht so leicht finden können.

Aufstriche sind keine billigen „Sattwerder". Aufstriche sind Köstlichkeiten, die dank ausgewählter Zutaten zu tollen Küchengeheimnissen werden können. Zu echten individuellen Highlights für die Familie und für Gäste – als ganze Mahlzeit, als Appetizer, als Jause, als Nachschlag für später, als Verköstigung für kleine Veranstaltungen und vieles mehr.

Für mich als Autorin haben Aufstriche im Ranking einen Riesenschritt nach vorne gemacht – ich liebe Vielfalt, Buntheit, Regionalität, Saisonalität und lege größten Wert darauf, nach diesen Prinzipien zu leben und natürlich auch zu kochen!

Zu den meisten Aufstrichen im Buch gibt es eine Empfehlung, welches Brot dazu am besten schmeckt. Diese Brote sind ebenso leicht selbst herzustellen, größtenteils nachzulesen im ersten Buch meiner „Richtig Gut"-Reihe bei Löwenzahn – „Richtig gutes Brot" ist für BrotbäckerInnen ebenso wie für mich als Autorin ein wunderbares Buch, das großen Nutzen bringt. Wer hat nicht gern frisch gebackenes Brot aus natürlichen, nährreichen Zutaten?

Im vorliegenden Buch geht es nun also um den schmackhaften Belag von gesundem Brot. Oder anders gesagt: um 90 abwechslungsreiche, erprobte, köstliche Rezepte, die auf viele Brote passen.

Gutes Gelingen, viel Freude und auf einen herrlichen „Aufstrichgenuss"!

Ihre

Einleitung

Aufgestrichen schmeckt einfach gut!

Wissen Sie, wie groß die Vielfalt ist, die man sich aufs Brot streichen kann? Nicht nur die üblichen Aufstriche, auch Marmeladen, Grillsoßen und Chutneys fallen unter dieses Thema. Und die Auswahl an Zutaten, die in Form von Aufstrichen verwendet und oft auch verwertet werden können, ist bunt und abwechslungsreich. Vor allem auch im Sinne der Lebensmittelverwertung sind Aufstriche etwas überaus Positives. Dass einmal zu viel gekocht wird, kommt hin und wieder eben vor. Aber Lebensmittel sind zu wertvoll, um sie in den Müll zu werfen. Machen Sie einfach köstliche Aufstriche daraus!

Die Basis zeigt Vielfalt

Aufstriche auf Milchbasis

Darunter verstehen die meisten „Aufstrich" schlechthin. Butter beispielsweise ist der ganz große Klassiker. Viele andere Milchprodukte legen die Basis für schmackhafte Kombinationen: Topfen, Frischkäse, Rahmstreichkäse, Crème fraîche, Sauerrahm, Schlagobers, Hüttenkäse, verschiedene Käsesorten wie Kochkäse oder gereifter Graukäse, Parmesan, Schafs- und Ziegenkäse. Das ist eine deutliche Vielfalt an Möglichkeiten, die sich sehr gut mit Gemüse, Fleisch, Marmeladen, Früchten, Kräutern, Gewürzen und Blüten kombinieren lassen. Aufstriche auf Milchbasis sind sehr rasch zubereitet. Wichtig ist, dass die beigefügten Zutaten nicht zu viel Wasser lassen, damit der Aufstrich nicht rinnt.

„Bunter Glundner" — S. 96

Karotten-Rahmkäse-Aufstrich — S. 92

Aufstriche auf Gemüsebasis

Für einen richtig cremigen und schmackhaften Aufstrich auf Gemüsebasis wird gekochtes Gemüse verwendet. Dies können neben Erdäpfeln genauso Erbsen, Linsen, Käferbohnen, Brokkoli, Karfiol, Kürbis, Karotten, Sellerie, Tomaten oder Paprika sein. Avocado wird roh verarbeitet, findet sich aber nicht in diesem Buch, weil der Schwerpunkt auf heimischen Lebensmitteln liegt. Gemüseaufstriche zeichnen sich durch ihre Kompaktheit und große Vielfalt aus. Sie lassen sich auch gut kombinieren, ob sie nun mit anderem Gemüse, mit Milchprodukten oder auch mit würzigen Fleischkomponenten wie Speck oder Rohschinken zubereitet werden. Das gekochte Gemüse wird für Aufstriche stets püriert, gepresst oder gecuttert. Welche Methode man wählt, hängt von der gewünschten Konsistenz und den technischen Möglichkeiten ab.

Aufstriche auf Fleischbasis

Ganz gleich ob aus Randstücken, Resten oder frisch gekauft – Fleischaufstriche sind eine ordentliche Mahlzeit. Das Fleisch wird bis auf Beef Tatar immer gegart. Fleischaufstriche tragen vielfach auch die Bezeichnung Pastete. Diese Bezeichnung hat eine lange Tradition und stammt aus der Zeit, als Fleisch noch haltbar gemacht werden musste. An den Schlachttagen wurde gleich alles verwertet, da es keine Möglichkeiten des Kühlens und Einfrierens gab. So wurden beispielsweise die Leber zu Leberpastete und Fleischabschnitte zu Fleischpasteten verarbeitet. Auf diese Weise konnte nichts verderben und es gab einen guten Vorrat, weil „gerexte" Lebensmittel im Kühlen und Dunklen doch einige Zeit haltbar waren (zu Einrexen siehe Kapitel „Haltbarkeit und Lagerung"). Jedenfalls wird für die Zubereitung von Aufstrichen auf Fleisch-, Speck- oder Leberbasis ein Fleischwolf oder ein Cutter benötigt. Zu den Fleischaufstrichen gehören auch die Aufstriche auf Schmalzbasis, wozu einfach roher reinfetter Bauchspeck gebraucht wird. Dieser ist nicht immer ganz leicht zu bekommen, aber auf Bestellung ist es normalerweise kein Problem.

Verhackert — S. 26

Grünkernaufstrich — S. 142

Aufstriche auf Getreidebasis

Der bekannteste in dieser Kategorie ist wohl der Grünkernaufstrich. Grundsätzlich können auch viele andere Getreidesorten und Getreideprodukte dafür verwendet werden. In jedem Fall werden die Grundprodukte gegart, wobei es von Vorteil ist, wenn die Produkte vorher eingeweicht werden, um die Garzeit zu verkürzen. Wird das Getreide vorher geschrotet, verkürzt sich die Garzeit ebenso. Dies ist aber nur möglich, wenn eine Getreidemühle vorhanden ist. Ansonsten wird das gegarte Getreide in einem Cutter zerkleinert und als Basis für den Aufstrich vorbereitet. Gegartes Getreide besticht allerdings nicht gerade mit seiner Farbe, schon gar nicht, wenn es dann für den Aufstrich auch noch zerkleinert wird. Mit buntem Gemüse und Kräutern kann vielfach Abhilfe geschaffen werden, sodass Getreideaufstriche auch ein optischer Genuss sein können.

Aufstriche auf Obstbasis

Damit sind die verschiedensten Marmeladen in klassischer, aber auch in moderner Form gemeint. Diese werden im vorliegenden Buch prinzipiell nicht behandelt, sind aber mitunter als Geschmackskomponente Teil der Aufstriche. Pikante Aufstriche können durch die Beigabe einer bestimmten Fruchtart geschmacklich sehr gewinnen. Und natürlich findet rohes und gegartes Obst in einigen Rezepten auch Verwendung. Obst gehört einfach immer dazu!

Marillen-Hüttenkäse-Aufstrich — S. 206

Wertvolle Tipps zum guten Gelingen

Neben den 90 Tipps direkt zu den einzelnen Rezepten ist während der Zubereitung der Aufstriche für dieses Buch vieles grundlegend Wissenswerte aus der Lebensmittelkunde aufgetaucht. Dies möchte ich Ihnen nicht vorenthalten und im Folgenden beschreiben.

- **Speck auslassen:** Roher reinfetter Bauchspeck wird in Streifen von 10 × 5 Zentimetern geschnitten und ca. 10 Minuten im leicht köchelnden Wasser „schwelen" gelassen. Wenn der Speck glasig aussieht, herausnehmen und überkühlen lassen. Danach Schwarte abziehen und Speck in Würfel schneiden. Die Größe der Würfel richtet sich danach, wofür die entstehenden Grammeln verwendet werden. Speckwürfel in einem größeren Topf ganz langsam auslassen und immer wieder umrühren, damit sich die Speckstücke nicht am Boden anlegen. So lange ziehen lassen, bis die Grammeln eine schöne braune Farbe haben und das ausgetretene Schmalz glasklare Blasen wirft. Danach abseihen und entsprechend weiter verarbeiten.

- **Abtriebe** von Butter, Topfen, Frischkäse, Rahmstreichkäse etc. immer zuerst herstellen, dann die geschnittenen Zutaten zufügen. So werden diese nicht durch zu langes Rühren zerrissen.

- **Rohe Zwiebel** in den Aufstrichen muss geschnitten und darf nicht im Cutter gehackt werden, da sie sonst bitter schmeckt und Wasser lässt.

- **Rohe Gemüsezutaten** binden sich nicht mit Butter. Daher sind derartige Kombinationen im normalen Haushalt nicht ratsam.

- **Eier** in Salzwasser kochen und nach dem Kochen eiskalt abschrecken, damit sie leichter geschält werden können.

- **Wachteleier** wie Hühnereier in Salzwasser kochen, die Zeit aber auf 2 Minuten reduzieren für ein weichgekochtes, glasiges Wachtelei. Durchgekocht sind sie in 3 bis 4 Minuten.

➔ **Tomaten schälen**: Tomaten kreuzweise einschneiden und in heißes Wasser legen. Die Haut löst sich sichtbar ab. Tomaten aus dem Wasser nehmen und überkühlen lassen. Danach enthäuten und entsprechend weiter verarbeiten.

➔ **Paprika schälen:** Zum Schälen der Paprika diese vierteln und sauber entkernen. Danach auf ein mit Backpapier belegtes Backblech legen und bei 180 °C so lange garen, bis die Haut beginnt Blasen zu werfen. Haut noch warm abziehen und Paprikafilets weiter verarbeiten.

➔ **Fruchtgemüse** wie Paprika, Tomaten oder Gurken enthalten viel Wasser und machen Aufstriche daher wässrig. Es empfiehlt sich, diese nach dem Schälen mit Küchenkrepp abzutrocknen. Gurken am besten zerkleinern und salzen, so tritt nach einigen Minuten Flüssigkeit aus. Diese abgießen oder mit Küchenkrepp aufsaugen.

➔ **Haselnüsse schälen:** Dazu Haselnüsse in einer Pfanne trocken rösten, dabei immer wieder umrühren, damit sie nicht anbrennen. Die Haut beginnt sich dann zu lösen. Die Haselnüsse auf ein Geschirrtuch geben, die Enden des Tuches zusammennehmen und Nüsse von außen abrubbeln, bis die Hautschalen abgefallen sind. Auskühlen lassen und weiter verwenden. Geschälte Haselnüsse werden auch beim Backen immer wieder gebraucht.

➔ **Schokolade zerlassen:** Das geht ganz leicht. Wasser aufkochen, Schokolade in einen Suppenteller oder in ein anderes Gefäß legen und mit dem kochenden Wasser übergießen. Die Schokolade zerläuft dabei nicht, weil sich Fett und Wasser nicht verbinden. Aber nicht umrühren, sondern einfach stehen lassen, damit die Schokolade eine homogene Masse bleibt. Mit einem spitzen Messer nach einigen Minuten die Probe machen, ob die Schokolade schon weich ist. Wasser abgießen und Schokolade weiter verwenden. Sehr oft passt zerlassene Schokolade anstelle von geriebener Schokolade und ist auch viel leichter zu verarbeiten.

➔ **Zitronen und Limetten:** Die einen oder die anderen verwenden? Beide bieten sich an. Zitronen sind die Klassiker, der Geschmack ist bekannt. Limetten haben einen feineren Säuregeschmack und sind sehr dekorativ, daher für besondere Kreationen vorzuziehen.

Tipps zum Anrichten

- Viele Gefäße wie u.a. Gläser mit oder ohne Deckel, kleine Schüsserl aus unterschiedlichsten Materialien, Minipfannen oder Minitöpfe, neue kleine Blumenübertöpfe sind dafür geeignet. Einfach einmal im eigenen Geschirrkasten stöbern.

- Für eine Art Buffet am besten dekorative kleine Gefäße verwenden. Die Aufstrichschüsserl können ansprechend arrangiert werden, so kann man den Aufstrichen einen großen optischen Mehrwert verleihen. Am besten, man überlegt sich für jede Aufstrichsorte eine bestimmte Dekoration, die dann für die jeweilige Sorte immer eingesetzt wird. So entsteht ein ästhetisch ansprechendes Gesamtarrangement.

- Auch frisches Obst (entkernte Pfirsiche, Apfelscheiben, entkernte Birnenhälften ...) oder Gemüse (ausgehöhlte Tomaten oder Paprika, Gurkenscheiben, Zwiebeln ...) kann als Gefäß zum Anrichten dienen.

- Dekorationen immer so anbringen, dass sie nicht im Weg stehen und man noch gut zum jeweiligen Aufstrich kommt bzw. dieser auch leicht herauszunehmen ist. Die Dekoration muss nicht immer in der Mitte des Anrichtegefäßes angebracht werden.

- Die Dekoration darf den Aufstrich nicht verstecken, sondern sollte ihn unterstreichen und aufwerten.

- Die Garnitur sollte geschmacklich zum Aufstrich passen. Die Frage ist also, was isst man üblicherweise zum jeweiligen Aufstrich? Auf dieser Basis kann dann die Garnitur ausgewählt werden.

- Beim Garnieren von Aufstrichbroten ist es wichtig, so zu garnieren, dass die Garnitur beim Essen nicht herunterfällt bzw. an den Händen oder der Kleidung klebt. Ein paar Tipps dafür: Keine großen Eiteile und keine Schinkenscheiben darauflegen, die nicht so leicht durchzubeißen sind. Vorsicht auch bei Tomatenstücken, da diese gerne herunterfallen.

- Brote am besten nur an einem Brotende garnieren, damit man das Brot an der anderen Seite halten und die Garnitur gleich beim ersten Bissen mitgenießen kann.

- Und nie vergessen: Weniger ist oft mehr – ein alter Grundsatz beim Dekorieren und Gestalten von Speisen.

Tipps für die Dekoration

- Grundsätzlich verwendet man als Deko Zutaten aus der jeweiligen Zutatenliste oder Lebensmittel, die optisch und geschmacklich harmonieren.

- Aufstriche bestehen aus verschiedenen Zutaten. Die ansprechendste, bunteste Zutat sollte Teil der Dekoration sein, daher in entsprechender Menge zur Seite gelegt werden.

- Frische Kräuter sind grundsätzlich immer passend. Auch kleine Kräutersträußchen aus Wild- und Gartenkräutern sehen als Deko sehr hübsch aus. Beispielsweise sind die Blätter der Schafgarbe aus dem Garten besonders dekorativ, ebenso die Blätter der Eberraute aus dem Kräutergarten.

- Blüten eignen sich viele verschiedene aus der freien Natur und dem Garten: aus der Natur bzw. von der Wiese insbesondere Veilchen, Gundelrebe, Gänseblümchen, Kornblume, einfache Glockenblume, Rotklee, Holunder; aus dem Garten Blüten wie unbehandelte duftende Rosenblätter, Ringelblumen, Malven, Goldmelisse, Blüten vom Ysop oder der Weinraute, aber auch Lavendel.

- Für pikante Aufstriche sind beispielsweise gebratene Speckscheiben bzw. geröstete Speckwürfel eine tolle optische und geschmackliche Ergänzung.

- Eier sind für Deko bei kalten Gerichten immer ein Thema. Sie sind leicht zu handhaben und können durch unterschiedlichen Gargrad und unterschiedliche Formen wie Scheiben, Spalten oder hübsch gezackt halbiert (natürlich nur die kleinsten), aber auch weichgekocht variantenreich eingesetzt werden. Eier sind eine überaus hübsche, farbenprächtige Dekoration.

- Aus Gemüse oder Obst kann man leicht Behältnisse formen, in denen die Aufstriche angerichtet werden. Das ergibt eine besonders schöne Dekoration.

- Für Verhackert, Grammelschmalz und Co passen optisch und geschmacklich teilweise in Paprikapulver getauchte Zwiebelringe.

Hilfreiche kleine Gerätekunde

- **Flotte Lotte:** Dieser traditionelle Küchenhelfer ist vielseitig einsetzbar. In der Flotten Lotte werden gekochte Lebensmittel fein püriert (Brokkoli, Erbsen, Äpfel ...), entkernt (Kirschen, Himbeeren) oder aus der Schale gepresst (Käferbohnen). Die Flotte Lotte hat verschiedene Einsätze je nach gewünschter Feinheit bzw. Konsistenz. Sie ist leicht zu reinigen und eine einmalige Anschaffung.

- **Pürierstab:** Aus den heutigen Küchen ist dieser Helfer nicht mehr wegzudenken. Insbesondere lassen sich damit kleine Portionen sehr einfach pürieren. Wichtig bei der Anschaffung ist, auf eine gute Qualität zu achten, was ich generell empfehlen kann. Verwenden Sie zum Pürieren mit dem Pürierstab immer schmale hohe Gefäße, so wird der größte Püriereffekt erreicht.

- **Cutter:** Braucht heute jede moderne Küche! Wer viel frisch zubereitet, ist mit einem Cutter mit Raffel- und Schneidaufsatz bestens beraten. Ganz leicht lassen sich darin Fleisch und Gemüse zerkleinern, kleine Teigmengen zubereiten und sogar ganze Aufstriche machen. In dem Fall werden die Zutaten in der Reihenfolge hineingegeben, wie es sich aus der Konsistenz der Zutaten heraus ergibt. Für einen Eiaufstrich beispielsweise werden die Produkte auf Milchbasis mit den Gewürzen vermengt, dann kommen die Essiggurkerl dazu, werden kurz gehackt, und schlussendlich die Eier, die rasch zerkleinert sind. Die Zutaten sollen noch erkennbar und beim Essen spürbar bleiben.

- **Fleischwolf:** Die Küchentradition schlechthin! Der handbetriebene Fleischwolf wird neuerdings immer wieder zu günstigen Preisen angeboten. Eignet sich gut zum Faschieren sämtlicher roher und gegarter Fleischstücke, ebenso aber zum Faschieren von Getreide oder Gemüse. Verschiedene Einsätze lassen wiederum die Körnung bestimmen. Schlussendlich kann man damit sogar Würste füllen, wenn das Wursthorn als Bestandteil beim Gerät dabei ist.

- **Fleischwolf bei Küchengeräten:** Hat dieselbe Funktion wie der handbetriebene Fleischwolf. Qualität und Haltbarkeit des Geräts hängen einerseits von der Handhabung ab, andererseits von der Häufigkeit der Verwendung.

- **Teigkarten:** Auch hier ist es wichtig, beim Kauf auf Qualität und das Angebot verschiedener Größen und Formen zu achten und kein „Spielzeug" zu kaufen. Für die Zubereitung von Aufstrichen eignen sich Teigkarten mit Stiel genauso gut wie jene ohne.

- **Messer:** Welches Werkzeug man verwendet, ist vielfach Gewohnheit. Messer, die nicht gut schneiden, sollten aber erst gar nicht zur Gewohnheit werden. Gute Messer lassen einen die Arbeit flott und sicher tun. Kleine Messer dienen zum Schälen, große Messer zum Schneiden. Stumpfe Messer bergen eher die Gefahr einer Verletzung als scharfe. Die Schneidergebnisse sind mit scharfen Messern auch wesentlich gleichmäßiger.

- **Schneidbretter:** In modernen Küchen finden sich Schneidbretter mit unterschiedlichen Farben für unterschiedliche Zutaten. Grün für Gemüse, rot für Fleisch, blau für Fisch, gelb für Huhn, braun für Gebäck und weiß für diverse andere Lebensmittel. Hinsichtlich der Qualität der Ergebnisse ist wichtig, dass die Schneidbretter flach aufliegen und nicht verzogen sind. Nur so kann auch schön und gleichmäßig geschnitten werden. Verfärbungen auf den Brettern werden durch Abreiben bzw. Bleichen an der Sonne entfernt.

Haltbarkeit und Lagerung

Die Haltbarkeit der einzelnen Aufstriche ist sehr unterschiedlich. Und frisch schmecken sie natürlich am besten! Die meisten Aufstriche sind außerdem rasch zubereitet und müssen daher nicht auf Vorrat gemacht werden. Dabei lege ich allergrößten Wert darauf, dass in unseren Aufstrichen keine Zusatzstoffe, sondern nur rein natürliche Lebensmittel enthalten sind. Für die Haltbarkeit bedeutet das, dass sie eben auch reagieren, wie es ihre Natur ist.

- Werden Aufstriche für eine kurze Lagerung zubereitet, diese nach Fertigstellung gut verschließen und umgehend einkühlen.
- Als Lagergefäße eignen sich Gläser mit Schraubverschluss oder Bügelverschluss.
- Gut abzuschließen sind auch Dosen mit Deckeln.
- Verschließen ist deshalb sehr wichtig, damit es im Kühlschrank keinen Geruchs- und Geschmacksaustausch gibt.
- Aufbewahrte Aufstriche vor dem Servieren immer gut durchrühren, um wieder eine homogene Konsistenz herzustellen.
- Fleisch- und Leberaufstriche können – wie traditionell schon immer gemacht – gerext (pasteurisiert und sterilisiert) werden und sind gut verschlossen wochenlang haltbar. Mit geringem Mehraufwand kann eine größere Menge hergestellt werden. So ist man gleich versorgt, wenn man Bedarf hat.
- Einrexen war früher eine in den Haushalten übliche Technik des Haltbarmachens durch Hitze, welche auch heute noch gerne verwendet wird. Fertig gekochte heiße Pasteten dafür in Rexgläser (Bügelverschlussgläser) oder Schraubverschlussgläser füllen und sofort verschließen. Danach auf ein mit Wasser befülltes Backblech stellen und bei 100 °C 1 Stunde sterilisieren. Anschließend herausnehmen und auskühlen lassen. Dunkel und kühl lagern.

Grammelschmalz — S. 28

- Bereits geöffnete Aufstriche sollte man innerhalb von wenigen Tagen verzehren.

- Aufstriche wie Verhackert oder Grammelschmalz sind verschlossen einige Wochen haltbar. Diese werden höchstens ranzig nach einer gewissen Zeit.

- Fleischaufstriche mit Obst (z.B. Äpfel) oder Gemüse (z.B. Gurkerl) am besten frisch essen. Gekühlt sind sie 2 Tage haltbar.

- Aufstriche mit rohem Obst oder Gemüse sind in maximal 2 Tagen zu verzehren, da sich bald die Fruchtflüssigkeit absetzt und der Aufstrich zu gären beginnt.

- Aufstriche auf Milchbasis mit Kräutern oder gegartem Obst oder Gemüse halten etwas länger, weil die Flüssigkeiten besser gebunden sind.

Die Klassiker

Rindfleischaufstrich

400 g gekochtes Rindfleisch
2 EL Kapern
100 g Essiggurken
1 kleine Zwiebel
100 g Sauerrahm
2 EL scharfer Senf
Salz
Pfeffer

1 Das Rindfleisch von Sehnen und Häuten befreien und zweimal durch die feine Scheibe des Fleischwolfes faschieren oder in einer Küchenmaschine mit Schneidwerk cuttern.

2 Kapern und Essiggurken fein hacken. Zwiebel schälen und feinwürfelig schneiden.

3 Rindfleisch mit Sauerrahm, Senf, Kapern, Essiggurkerln und Zwiebel gut verrühren. Ist der Aufstrich zu fest, kann noch ein wenig Sauerrahm zugefügt werden, damit die Masse streichfähiger wird.

4 Mit Salz und Pfeffer aromatisch abschmecken.

5 Aufstrich 1/2 Stunde durchziehen lassen, nochmals abschmecken und anrichten.

Tipp *Dieser Aufstrich ist eine gute Resteverwertung für übrig gebliebenes gekochtes Rindfleisch bzw. für Suppenfleisch.*

Brottipp

Mit einem herzhaften Bauernbrot servieren.

Verhackert

6 Knoblauchzehen
500 g durchzogener geräucherter Bauchspeck
Pfeffer aus der Mühle
evtl. Salz

1 Zwiebel zum Garnieren

1. Knoblauchzehen schälen.

2. Speck in 2 × 2 Zentimeter große Würfel schneiden.

3. Speckwürfel mit dem Knoblauch und dem Pfeffer durch einen Fleischwolf faschieren. Wenn nötig mit Salz nachwürzen.

4. Das Verhackert auf Brot mit aufgelegten feinen Zwiebelscheiben garniert servieren.

Tipp *Gibt man eine kleine Menge Chilischoten bei, lässt sich schnell scharfes Verhackert zubereiten.*

Brottipp

Auf dunklem, frischem Bauernbrot oder einem anderen kräftigen Brot schmeckt Verhackert besonders gut.

Grammelschmalz

1 kg roher Rückenspeck
3 l Wasser
Kräutersalz
Salz
Pfeffer aus der Mühle

1 Speck in Streifen von ca. 8 × 5 Zentimetern schneiden.

2 Wasser erhitzen. Speck darin ca. 10–15 Minuten schwelen (ziehen) lassen, bis er leicht glasig aussieht.

3 Herausnehmen und auskühlen lassen. Wenn nötig Schwarte abziehen.

4 Speck in Würfel von 1 × 1 Zentimeter schneiden und in einen Topf geben. Herdplatte auf mittlere Stufe erhitzen und Speckwürfel unter ständigem Rühren auslassen, das heißt, das Fett tritt langsam aus.

5 Speckwürfel so lange im Topf lassen, bis diese hellbraun sind.

6 Mit Salz und Pfeffer aus der Mühle würzen und in Gläser füllen.

7 Das Grammelschmalz abkühlen lassen.

Tipp *Um das Grammelschmalz geschmacklich noch aufzubessern, können geröstete Zwiebeln zugefügt werden, was allerdings die Haltbarkeit auf eine Woche reduziert.*

Brottipp

Mit einem kräftigen Bauernbrot mit Körnern servieren.

Schweinefleischaufstrich

350 g Zwiebeln
500 g Schweinsschulter
200 g roher Rückenspeck
3 Lorbeerblätter
2 Zweige Thymian
5 Knoblauchzehen
Salz
Pfeffer

1 Zwiebeln schälen. Fleisch, Speck und Zwiebeln in gleich große Stücke (2 × 2 Zentimeter) schneiden.

2 Diese mit den Gewürzen auf ein Backblech legen und im Backrohr bei 180 °C ca. 30–40 Minuten braten.

3 Knoblauch schälen und nach 20 Minuten dazugeben.

4 Wenn das Fleisch und der Speck eine schöne braune Farbe haben, aus dem Backrohr nehmen und gut durchkühlen lassen.

5 Anschließend gemeinsam mit dem ausgetretenen Fett durch den Fleischwolf faschieren.

6 Aufstrich würzig abschmecken.

Tipp *Für einen Surfleischaufstrich wird die Schweinsschulter durch Surfleisch ersetzt. Die Zubereitung ist dieselbe.*

Brottipp

Fleischaufstrich mit Vollkornbrot oder einem anderen kräftigen Brot servieren.

Leberaufstrich

300 g Schweinsleber
300 g Schweinsschulter
300 g Zwiebeln
30 g Schweinefett oder Rapsöl
1 EL Sonnenblumenöl
Majoran
Pfeffer
Salz

Preiselbeeren zum Garnieren

1 Leber, Schweinsschulter und Zwiebeln in gleich große Stücke (ca. 2 × 2 Zentimeter) schneiden.

2 Fett erhitzen. Zwiebeln darin hell anrösten, Fleisch und Leber dazugeben und so lange rösten, bis alle Zutaten eine gleichmäßig hellbraune Farbe haben.

3 Leber, Fleisch und Zwiebeln zur Gänze auskühlen lassen.

4 Danach durch den Fleischwolf faschieren und nochmals gut abschmecken.

5 Mit Preiselbeeren garniert anrichten.

Tipp *Eingekochte Preiselbeeren oder auch Vogelbeeren können direkt unter die Lebermasse gerührt werden.*

Brottipp

Schmeckt besonders gut mit einem frischen Weißbrot.

Räucherforellenaufstrich

2 Blätter Gelatine
300 g geräuchertes Forellenfilet
125 ml Schlagobers
10 EL klarer Gemüsefond
250 g Magertopfen
Salz
Pfeffer aus der Mühle

Kresse zum Garnieren

1 Gelatine in kaltem Wasser einweichen.

2 Forellenfilets mit dem Pürierstab fein pürieren.

3 Schlagobers steif aufschlagen.

4 Eingeweichte Gelatineblätter im heißen Gemüsefond auflösen und mit dem Forellenmus und dem Topfen gut vermengen.

5 Mit Salz und Pfeffer würzen. Schlagobers leicht unterziehen.

6 Aufstrich im Kühlschrank gut durchkühlen lassen.

7 Mit Kresse garniert servieren.

Tipp *Anstelle der Räucherforelle können auch andere heimische Räucherfische verwendet werden, was für eine gute Abwechslung sorgt.*

Brottipp

Dieser Aufstrich passt sehr gut zu knusprigem Weißbrot oder auch zu einem milden Bauernbrot.

Zwiebelschmalz

1 kg roher Bauchspeck
3 l Wasser
300 g Zwiebeln
Salz
Pfeffer aus der Mühle

1 Speck in Streifen von ca. 8 × 5 Zentimetern schneiden.

2 Wasser erhitzen und Speck darin ca. 10–15 Minuten schwelen (ziehen) lassen, bis er leicht glasig aussieht. Herausnehmen und auskühlen lassen. Wenn nötig Schwarte abziehen.

3 Speck in Würfel von 1 × 1 Zentimeter schneiden und in einen Topf geben. Herdplatte auf mittlere Stufe erhitzen und Speckwürfel unter ständigem Rühren auslassen, das heißt, das Fett tritt langsam aus.

4 Speckwürfel so lange im Topf lassen, bis diese hellbraun sind. Vom Herd nehmen. Die Grammeln etwas auspressen. Das nun entstandene Schweineschmalz auskühlen lassen.

5 Zwiebeln schälen und in Ringe schneiden.

6 Einen Löffel Schmalz herausnehmen und in einer Pfanne erhitzen. Zwiebelringe hineingeben und goldgelb rösten.

7 Zwiebelringe dem ausgekühlten Schweinefett zufügen und während des Erkaltens mehrmals umrühren, damit die Ringe gleichmäßig verteilt sind.

8 Vor dem Festwerden mit Salz und Pfeffer würzen und herzhaft abschmecken.

Brottipp

Zum Zwiebelschmalz passt am besten ein aromatisches und ganz natürliches Sauerteigbrot.

Tipp *An Gewürzen können je nach Geschmack Majoran oder Thymian dazu verwendet werden. Auch leicht mitgerösteter Knoblauch passt sehr gut.*

Schinkenkräutertopfen mit Kren

1 kleine rote Zwiebel
100 g Kochschinken
20 g Kräuter nach Wahl
(z.B. Schnittlauch, Petersilie,
Majoran, Thymian, Rote Melde,
Giersch, Brennnessel)
30 g Krenwurzel
250 g Topfen
2 EL Sauerrahm
Kräutersalz
Pfeffer aus der Mühle
1 TL Estragonsenf

1. Zwiebel schälen und feinwürfelig schneiden.

2. Den Schinken ebenso in kleine Würfel oder Streifen schneiden.

3. Die Kräuter wenn nötig waschen und ebenso fein schneiden.

4. Krenwurzel schälen und mit dem Reibeisen fein reiben.

5. Topfen mit Rahm und den Gewürzen mit dem Handrührgerät zu einer cremigen Masse verrühren.

6. Die übrigen Zutaten untermengen und den Aufstrich würzig-pikant abschmecken.

7. Hübsch dekoriert anrichten.

Tipp *Anstelle von Kochschinken können gut auch Reste von Selchfleisch verwendet werden.*

Brottipp

Mit einem Mischbrot oder Vollkornweckerl servieren.

Pikanter Krenaufstrich

30 g Krenwurzel
100 g gekochtes Selchfleisch
1 KL eingelegte grüne Pfefferkörner
150 g Rahmstreichkäse natur
80 g Sauerrahm
Salz
bunter Pfeffer aus der Mühle

Cocktailtomaten und Petersilie zum Garnieren

1 Kren schälen und fein raspeln.

2 Selchfleisch in kleine Würfel schneiden.

3 Die Pfefferkörner fein hacken.

4 Rahmstreichkäse aus der Verpackung nehmen und mit einer Gabel zerdrücken. Sauerrahm und Gewürze untermengen und glattrühren.

5 Selchfleisch, Kren und die gehackten Pfefferkörner dazugeben und gut verrühren.

6 Würzig und leicht scharf abschmecken.

7 Mit Cocktailtomaten und Petersilie garniert servieren.

Tipp *Um den Aufstrich noch bunter zu machen, können nach Geschmack noch feine Paprikawürfel zugefügt werden.*

Brottipp

Ein kräftiges Roggenbrot schmeckt hervorragend zu diesem Aufstrich.

Erdäpfelkäse mit Speck

500 g mehlig kochende Erdäpfel
80 g geräucherter Bauchspeck
1 Zwiebel
1/8 l Sauerrahm
Salz
Pfeffer aus der Mühle

1 Erdäpfel kochen und schälen.

2 Noch heiß mit der Gabel zerdrücken oder durch die Erdäpfelpresse drücken.

3 Den Bauchspeck in feine Würfel schneiden und in der Pfanne auslassen (siehe Kapitel „Wertvolle Tipps zum guten Gelingen").

4 Zwiebel schälen und feinwürfelig schneiden.

5 Sauerrahm, ca. die Hälfte des ausgelassenen Specks und die Zwiebelwürfel mit den Gewürzen zur Erdäpfelmasse geben und gut verrühren.

6 Würzig abschmecken.

7 Anrichten und mit den restlichen Speckwürfeln bestreuen.

Tipp *Der Speck für die Garnitur kann auch in feine Scheiben geschnitten werden, welche dann im Ganzen in der Pfanne ausgelassen werden. Das ergibt eine hübsche Dekoration.*

Brottipp

Dazu wird ein klassisches Bauernbrot serviert.

Kernölaufstrich

2 Knoblauchzehen
250 g Magertopfen
3 EL Sauerrahm
3 EL Kürbiskernöl
Salz
Pfeffer aus der Mühle
etwas Kümmel

30 g Kürbiskerne zum Bestreuen

1 Knoblauch schälen und sehr fein schneiden.

2 Topfen mit Sauerrahm, Knoblauch und Kernöl gut verrühren.

3 Aufstrich würzen und gut abschmecken.

4 Die Kürbiskerne in einer Pfanne trocken rösten und danach auskühlen lassen.

5 Geröstete Kerne mit einem großen Messer auf einem Küchenbrett fein hacken.

6 Aufstrich gefällig anrichten und mit den gehackten Kürbiskernen bestreuen.

Tipp *Auch zweifarbige Aufstriche haben einen Reiz. Eine Anregung dazu könnte sein, dass der Topfen mit den Gewürzen und dem Rahm verrührt wird. Danach Masse teilen: einen Teil mit Kürbiskernöl färben, den zweiten Teil mit Paprikapulver oder Kurkuma.*

Brottipp

Kernölaufstrich schmeckt auf saftigem Vollkornbrot sehr gut.

Lauchaufstrich

200 g Lauch
1 Zwiebel
20 g Fett
(Rapsöl, Schweineschmalz)
250 g Magertopfen
1 Becher Crème fraîche
Salz
Pfeffer aus der Mühle

1 Lauch putzen und in feine Ringe schneiden.

2 Zwiebel schälen und feinwürfelig schneiden.

3 Fett in eine Pfanne geben und erhitzen. Zwiebel darin anrösten. Lauchringe dazugeben und weichdünsten.

4 Zwiebel-Lauch-Masse gut auskühlen lassen.

5 Topfen, Crème fraîche, Salz und Pfeffer gut verrühren. Zwiebel-Lauch-Gemisch dazugeben und unterrühren.

6 Pikant-würzig abschmecken.

Tipp *Eine schmackhafte Variante ist es, wenn anstelle von Lauch fein geschnittenes gedünstetes Weißkraut verwendet wird.*

Brottipp

Mit Sesam- oder Sonnenblumenkernbrot servieren.

Kräuteraufstrich mit Hüttenkäse

20 g frische Kräuter (Thymian, Majoran, Oregano, Ysop, Bohnenkraut, Estragon, Eberraute, Currykraut, Koriander)
50 g gelber oder oranger Paprika
50 g roter Paprika
300 g Hüttenkäse
2 EL Crème fraîche
Kräutersalz oder Chilisalz
bunter Pfeffer aus der Mühle

1. Bei der Auswahl der Kräuter ist es wichtig, den jeweiligen Eigengeschmack zu bedenken (z.B. bei Koriander). Die Mischung sollte harmonisch sein.

2. Die ausgewählten bzw. vorhandenen Kräuter fein schneiden.

3. Die verschiedenen Paprikaschoten in kleine Würfel schneiden.

4. Hüttenkäse und Crème fraîche mit den Gewürzen gut verrühren.

5. Kräuter und Paprikawürfel beifügen und untermengen.

6. Aufstrich je nach verwendeten Kräutern passend abschmecken und nett anrichten.

Tipp *Anstelle von Gartenkräutern können für diesen Aufstrich natürlich auch Wildkräuter verwendet werden. Z.B. Gundelrebe, Brennnessel, Giersch, Schafgarbe, Vogelmiere, Grüne oder Rote Melde, Quendel usw.*

Brottipp

Mit aromatischem Dinkelbrot servieren.

Eiaufstrich mit Essiggurken

2 Eier
50 g Essiggurken
2 EL Essig von den Essiggurken
250 g Magertopfen
125 g Crème fraîche
1 TL Kremser Senf
Salz
Pfeffer aus der Mühle
1 Prise Curry

Schnittlauch zum Garnieren

1 Die Eier hart kochen. Mit kaltem Wasser abschrecken und auskühlen lassen.

2 Die Essiggurken inzwischen feinwürfelig schneiden.

3 Topfen, Crème fraîche, Senf und Gewürze mit dem Handrührgerät gut verrühren.

4 Eier schälen und mit dem Eierteiler in kleine Würfel schneiden, dafür beidseitig zuerst längs, dann quer einlegen.

5 Gemeinsam mit den gewürfelten Essiggurken zur Grundmenge geben und gut verrühren.

6 Aromatisch abschmecken, weil die Zutaten noch Geschmack aufnehmen.

7 Hübsch anrichten und mit Schnittlauch garnieren.

Tipp *Essiggurken können in diesem Fall auch mit anderem Essiggemüse wie essigsaurem gemischten Gemüse, eingelegtem Kürbis etc. ersetzt werden. Ein Milchprodukt, hart gekochte Eier und Essiggemüse sind immer eine gute Kombination.*

Brottipp

Zu diesem Aufstrich empfehle ich Leinsamenbrot oder ein Weizen-Roggen-Mischbrot.

Liptauer

250 g Butter
250 g Topfen
10 g Zucker
1 EL Paprikapulver edelsüß
Salz
bunter Pfeffer aus der Mühle
80 g Schnittlauch

6 Tomaten zum Anrichten
(wenn gewünscht)

1 Butter mit dem Handrührgerät schaumig rühren.

2 Topfen, Zucker und die Gewürze dazugeben und alles gut verrühren.

3 Schnittlauch fein schneiden. Diesen unter den Aufstrich rühren.

4 Aufstrich gut abschmecken.

5 Tomaten quer halbieren und aushöhlen. Aufstrich darin anrichten.

6 Der Aufstrich kann auch ganz klassisch auf einem Teller oder in Schüsseln angerichtet werden.

Tipp *Ein guter Sauermilchtopfen macht diesen Aufstrich noch schmackhafter.*

Brottipp

Paprikaaufstrich mit Vollkornbrot oder Ölsaatenbrot servieren.

Knoblauchaufstrich

4 Knoblauchzehen
20 Blätter Schnittknoblauch
120 g Magertopfen
120 g Rahmfrischkäse
Kräutersalz
weißer Pfeffer
1 Prise Schabziegerklee

1 Knoblauchzehen schälen und feinst schneiden.

2 Schnittknoblauch in feine Streifen schneiden.

3 Magertopfen und Rahmfrischkäse mit dem Handrührgerät gut durchrühren.

4 Gewürze und beide vorbereiteten Knoblauchvarianten zur Masse geben und nochmals kurz durchrühren.

5 Würzig und ein wenig scharf abschmecken.

6 Nett anrichten, eventuell mit einer Schnittknoblauchblüte.

Tipp *Noch würziger wird dieser Aufstrich, wenn anstelle von Rahmfrischkäse ein Rahmstreichkäse verwendet wird.*

Brottipp

Als Brot wird dazu Roggen-Weizen-Mischbrot empfohlen.

Selchfleischaufstrich

2 Eier
100 g Selchfleisch
1 Bund Radieschen
80 g Essiggurkerl
1 Zwiebel
1 Knoblauchzehe
Schnittlauch nach Belieben
250 g Topfen
100 g Butter
Salz
Pfeffer aus der Mühle

1 Die Eier in Salzwasser hart kochen.

2 Mit kaltem Wasser abschrecken und nach dem Auskühlen schälen.

3 Selchfleisch, Radieschen und Essiggurkerl in kleine Würfel schneiden.

4 Zwiebel schälen und feinwürfelig schneiden.

5 Knoblauchzehe nach dem Schälen fein schneiden.

6 Schnittlauch in feine Röllchen schneiden.

7 Topfen, Butter und Gewürze mit dem Handrührgerät gut verrühren. Restliche Zutaten zufügen und nochmals kurz durchrühren.

8 Aufstrich würzig abschmecken und hübsch anrichten.

Tipp *Aufstriche dieser Art können auch zur Verwertung von restlichem Osterfleisch und Ostereiern dienen und bieten eine gute Mahlzeit.*

Brottipp

Selchfleischaufstrich ist ein Klassiker für traditionelles Bauernbrot.

Schweinsbratenaufstrich mit rotem Paprika

200 g Schweinsbraten
50 g Essiggurkerl
80 g roter Paprika
1/2 Apfel mit Schale
150 g Crème fraîche
2 EL Gurkerlessig
Kräutersalz
Pfeffer aus der Mühle

1 Schweinsbraten und Essiggurkerl in kleine Würfel schneiden.

2 Paprika waschen und entkernen, Apfel entkernen, beides ebenso in gleich kleine Würfel schneiden.

3 Crème fraîche mit Gurkerlessig und den Gewürzen gut verrühren, sodass eine saftig-cremige Masse entsteht. Die vorgeschnittenen Zutaten dazugeben und gut unterrühren.

4 Aufstrich süß-säuerlich abschmecken und nett anrichten.

Tipp *Der Schweinsbraten kann bei diesem Aufstrich durch Surbraten oder auch durch würziges Selchfleisch ersetzt werden.*

Brottipp

Beispielsweise mit Leinsamenbrot servieren.

Die Kreativen

Camembert-Sesam-Aufstrich

1 kleine Zwiebel
10 g Petersilie
100 g Butter
1/2 TL Paprikapulver
Salz
Pfeffer aus der Mühle
200 g Camembert
20 g Sesam
einige Tropfen Balsamicoessig

1 Zwiebel schälen und feinwürfelig schneiden.

2 Petersilie fein hacken.

3 Butter mit dem Handrührgerät schaumig rühren. Die Gewürze dazugeben und unterrühren.

4 Camembert mit der Gabel zerdrücken und gleichmäßig unter die Buttermasse heben. Fein gehackte Zwiebel, Balsamicoessig und Petersilie beifügen.

5 Sesam ohne Fett in einer Pfanne rösten und noch warm unter die Masse mengen oder den Aufstrich damit bestreuen.

6 Aufstrich gut abschmecken und anrichten.

Tipp *Sehr schmackhaft wird dieser Aufstrich auch, wenn anstelle des Camemberts ein Käse mit Rotschmiere verwendet wird.*

Brottipp

Mit Sesambrot aus Dinkel-Buchweizen oder klassisch servieren.

Ei-Schinken-Aufstrich mit Blauschimmelkäse

2 Eier
100 g Schinken
80 g Blauschimmelkäse
2 EL Sauerrahm
250 g Magertopfen
Salz
Pfeffer aus der Mühle

Schnittlauch zum Bestreuen

1 Die Eier zuerst in Salzwasser hart kochen, mit kaltem Wasser abschrecken und auskühlen lassen. Danach schälen und fein hacken.

2 Schinken kleinwürfelig schneiden.

3 Den Blauschimmelkäse fein schneiden und mit dem Handrührgerät gemeinsam mit Sauerrahm und Topfen cremig rühren.

4 Ei und Schinken beifügen und gut verrühren.

5 Mit Salz und Pfeffer würzig abschmecken.

6 Aufstrich anrichten und mit Schnittlauch bestreut servieren.

Tipp *Dieser Aufstrich kann auch auf Schinkenblätter gestrichen werden. Diese dann einrollen und im Kühlschrank gut durchkühlen. Anschließend in Scheiben geschnitten auf kleinen runden Brotscheiben als Fingerfood servieren.*

Brottipp

Schmeckt gut auf klassischem Bauernbrot oder knusprigem Baguette.

Lachsforellenaufstrich mit Zitrone

100 g Lachsforellenfilet
Salz
Pfeffer aus der Mühle
1 EL Rapsöl
30 g Krenwurzel
100 g Magertopfen
150 g Frischkäse
1 kleines Sträußchen Eberraute
Saft von 1 Zitrone

Zitronenscheiben oder
Zitronenzesten zum Garnieren

Brottipp

Mit Baguette oder anderem helleren Brot servieren.

1 Lachsforellenfilet mit Salz und Pfeffer würzen.

2 Öl in einer Pfanne erhitzen und Lachsforellenfilet mit der Hautseite nach unten einlegen. Filet gut durchbraten, wenden und fertig braten. Danach aus der Pfanne nehmen und gut auskühlen lassen.

3 Kren schälen und fein reiben.

4 Topfen und Frischkäse mit Salz, Pfeffer und Zitronensaft gut verrühren.

5 Fischfilet enthäuten, fein schneiden und mit dem Kren zum Aufstrich geben. Gleichmäßig einrühren.

6 Eberraute ebenso fein schneiden und einen Teil zum Aufstrich geben, den anderen für die Garnitur aufheben.

7 Aufstrich schmackhaft mit Zitronenscheiben oder Zitronenzesten anrichten.

Tipp *Anstelle von Lachsforellenfilet können auch alle anderen heimischen Fische verwendet werden.*

Champignonaufstrich mit Whiskey

100 g Zwiebeln
2 EL Olivenöl
200 g Champignons
4 cl Whiskey
Salz
Pfeffer aus der Mühle
150 g Magertopfen

1 Zwiebeln schälen und feinwürfelig schneiden.

2 Öl in einer Pfanne erhitzen und Zwiebeln darin goldgelb rösten.

3 Inzwischen die Champignons waschen und ebenso feinwürfelig schneiden. Zu den Zwiebeln geben und mitrösten, bis die gesamte austretende Flüssigkeit verdampft ist. Whiskey darübergießen und die Pfanne gleich vom Herd nehmen. Gut auskühlen lassen.

4 Mit Salz und Pfeffer würzen und den Topfen gleichmäßig darunterrühren.

5 Aufstrich anrichten.

Tipp *In der Sommerzeit kann dieser Aufstrich auch mit frischen Eierschwammerln oder Pilzen zubereitet werden. Dann wird anstelle von Whiskey Kognak verwendet.*

Brottipp

Mit frischen knusprigen kleinen Baguettes oder mit Salzstangerln servieren.

Wildkräuter-Blüten-Butter

20 g Wildkräuter
(Brennnessel, Giersch, Schafgarbe, Gundelrebe, Frauenmantel, Spitzwegerich ...)
20 g Blüten
(Rosenblätter, Ringelblumen, Veilchen, Blüten von Gundelrebe und Ysop, Lavendel, Löwenzahn, Himmelschlüssel, Gänseblümchen, Kapuzinerkresse ...)
Kräutersalz
250 g kalte Butter

1 Die Wildkräuter wenn nötig säubern und waschen. Mit einem scharfen Messer fein schneiden.

2 Die Blütenblätter abzupfen und ebenso fein schneiden. Mit Kräutersalz und den Kräutern gleichmäßig vermengen.

3 Den Butterwürfel quer dreimal durchschneiden und Butterplatten auflegen. Auf die erste Platte 1/4 des Kräuter-Blüten-Gemischs verteilen und gut andrücken. Nächste Butterplatte darauflegen und fortsetzen, bis alle vier Platten verbraucht wurden.

4 Restliches Viertel des Kräuter-Blüten-Gemischs auf der Oberfläche gleichmäßig verteilen und ebenso gut andrücken.

5 Gewürzten Butterwürfel nochmals ins Butterpapier einpacken und 1 Stunde kalt stellen.

6 In Würfel schneiden und servieren.

Tipp *Diese Butter kann auch in Rollenform zubereitet werden. Für die Zubereitung siehe Rezept „Gerollte Rosenblütenbutter“.*

Brottipp

Schmackhaftes Bauernbrot oder Erdäpfel-Roggen-Brot dazu reichen.

Rucolacreme mit Pfirsichen

1 Pfirsich
50 g Rucola
150 g Frischkäse natur
100 g Topfen
Salz
weißer Pfeffer
Chiliflocken

1 Pfirsich halbieren und entkernen. Danach mit der Schale in feine Würfel schneiden.

2 Rucola waschen und trocken schleudern. 3/4 davon fein schneiden.

3 Frischkäse, Topfen und Gewürze mit einem Handrührgerät cremig rühren. Rucola und Pfirsichwürfel dazugeben und kurz vermengen.

4 Würzig pikant und leicht geschärft abschmecken und anrichten.

Tipp *Die Frucht kann natürlich der Jahreszeit angepasst werden. Alle anderen Steinfrüchte eignen sich ebenso für diesen Aufstrich.*

Brottipp

Mit einem kräftigen Ölsaatenbrot oder auch mit einem Käsebaguette servieren.

Bergkäseaufstrich mit Schabziegerklee

100 g würziger Bergkäse
50 g Butter
1/16 l Crème fraîche
Salz
Pfeffer aus der Mühle
1 Prise Schabziegerklee

Kräuter, Obst oder Schinken zum Garnieren

1 Bergkäse mit dem Reibeisen fein reiben.

2 Butter mit dem Handrührgerät schaumig aufschlagen. Crème fraîche und die Gewürze dazugeben und zu einer homogenen Masse verrühren.

3 Geriebenen Bergkäse zufügen und mit dem Grundaufstrich gut vermengen.

4 Beliebig mit Kräutern, Obst oder auch Schinkenscheiben garnieren.

Tipp *Für diesen Aufstrich kann auch ein etwas trocken gewordener Käserest schmackhaft verwertet werden.*

Brottipp

Beispielsweise auf getoasteten Baguettescheiben anrichten und garnieren.

Mediterraner Schafskäseaufstrich

300 g Tomaten
1 Zwiebel
1 EL Olivenöl
2 Knoblauchzehen
frisches Basilikum
200 g Schafskäse
10 Stk. grüne Oliven
1 EL Tomatenmark
Salz
weißer Pfeffer
1 kleine Chilischote nach Wunsch

Oliven zum Garnieren

Brottipp

Mit Käsebaguette oder anderem getoasteten Weißbrot servieren.

1 Tomaten kreuzweise einschneiden und kurz in heißes Wasser legen. Wenn sich die Haut zu lösen beginnt, herausnehmen und die Haut abziehen.

2 Tomaten halbieren, Kerne und Flüssigkeit mit einem Löffel herausschälen.

3 Zwiebel schälen und feinwürfelig schneiden.

4 Öl in einer Pfanne erhitzen und Zwiebel darin goldgelb anrösten.

5 Knoblauch schälen und geschnitten zu den Zwiebeln geben.

6 Vorbereitete Tomaten in Stücke schneiden und dazugeben. So lange am Herd unter mehrmaligem Umrühren dünsten, bis die gesamte Flüssigkeit verdampft ist.

7 Basilikum fein schneiden.

8 Tomaten-Zwiebel-Gemisch mit dem Käse, den Oliven, dem Tomatenmark und den Gewürzen in einen Cutter geben und zu einer homogenen Masse hacken.

9 Aufstrich würzig pikant abschmecken und mit Oliven anrichten. Wenn gewünscht kann der Aufstrich mit einer Chilischote geschärft werden.

Tipp *Eine ebenso schmackhafte Alternative zu den Tomaten sind geschälte Paprika.*

Schokolade-Haselnuss-Aufstrich

70 g Haselnüsse
1/4 l Wasser
100 g Milchschokolade
150 g Mascarino
100 g Frischkäse
10 g Zucker
1 Prise Salz

1 Haselnüsse in einer Pfanne trocken rösten, bis sich die Haut zu lösen beginnt. Nüsse in Geschirrtuch geben und Enden zusammennehmen. Haut abrubbeln. (Siehe dazu auch Kapitel „Wertvolle Tipps zum guten Gelingen“)

2 Nüsse auskühlen lassen. Danach reiben.

3 Wasser erhitzen. Milchschokolade in einen Suppenteller legen und mit dem heißen Wasser übergießen. Einige Minuten stehen lassen. Wenn die Schokolade weich ist (mit einem spitzen Messer testen), das Wasser abgießen. (Siehe dazu auch Kapitel „Wertvolle Tipps zum guten Gelingen“)

4 Weiche Schokolade mit Mascarino und Frischkäse gut verrühren. Geriebene Nüsse, Zucker und Salz dazugeben und unterrühren.

5 Abschmecken und anrichten.

Tipp *Liebhaber von Bitterschokolade können natürlich diese verwenden.*

Brottipp

Mit leicht gesüßtem Weißbrot servieren.

Paprika-Kürbis-Aufstrich

1 rote Paprikaschote
300 g gelbes Kürbisfleisch
1 Zwiebel
2 Knoblauchzehen
2 EL Olivenöl
2 Lorbeerblätter
1/2 TL Zucker
Salz
Pfeffer aus der Mühle
30 g Tomatenmark
1 TL Paprikapulver edelsüß
evtl. Chiliflocken

1 Die Paprikaschote vierteln und entkernen.

2 Paprika mit der Hautseite nach oben auf ein mit Backpapier belegtes Backblech legen und im Backrohr bei 180 °C so lange erhitzen, bis die Haut Blasen wirft und sich abziehen lässt.

3 Haut abziehen und klein schneiden.

4 Kürbis schälen, entkernen und in 1 Zentimeter große Würfel schneiden.

5 Zwiebel und Knoblauch schälen und feinwürfelig schneiden.

6 Öl in einer Pfanne erhitzen und das gesamte Gemüse hineingeben. Lorbeerblätter, Zucker, Salz und Pfeffer zufügen und alles dünsten, bis die Flüssigkeit zur Gänze verdampft ist. Zum Schluss Paprikapulver und Tomatenmark dazugeben. Dann auskühlen lassen.

7 Lorbeerblätter entfernen. Gesamte Masse in den Cutter geben und kurz hacken, wobei die Konsistenz körnig bleiben sollte.

8 Aufstrich gut abschmecken und wenn gewünscht mit Chiliflocken schärfen. Bunt anrichten.

Brottipp

Mit Kürbiskernbrot oder auch mit Weißbrot servieren.

Tipp *Dieser Aufstrich kann als eine Art Chutney zu gegrilltem oder kurz gebratenem Fleisch genossen werden.*

Bärlauchpestoaufstrich

50 g Walnüsse
20 g Parmesan
150 g Topfen
100 g Mascarino
100 g Bärlauchpesto
Salz
Pfeffer aus der Mühle

1 Walnüsse und Parmesan fein reiben.

2 Topfen und Mascarino gut verrühren.

3 Bärlauchpesto und Gewürze zufügen und gleichmäßig einrühren.

4 Schlussendlich die Nüsse und den Parmesan dazugeben und untermengen.

5 Aufstrich gut abschmecken und beliebig anrichten.

Tipp *Besonders empfehlenswert ist die Zubereitung für Korianderliebhaber mit einem Koriander-Walnuss-Pesto.*

Brottipp

Dieser Aufstrich schmeckt hervorragend auf Bärlauchweckerln oder einem Dinkel-Roggen-Mischgebäck.

Ingwerbutter

1 Zwiebel
10 g frischer Ingwer
2 Knoblauchzehen
1 EL Olivenöl
250 g Butter
frischer Koriander
1 EL Tomatenmark
Salz
weißer Pfeffer
Currypulver

1 Zwiebel, Ingwer und Knoblauchzehen schälen und sehr fein hacken.

2 Öl in einer Pfanne erhitzen, Zwiebel und Knoblauch darin hellgelb anrösten. Zum Schluss den Ingwer dazugeben.

3 Pfanne vom Herd nehmen und alles gut auskühlen lassen.

4 Die Butter mit dem Handrührgerät schaumig aufschlagen.

5 Koriander fein schneiden.

6 Alle Gewürze mit dem Tomatenmark zur Butter geben und gut unterrühren, damit sich das Tomatenmark und die Butter verbinden.

7 Das ausgekühlte Zwiebelgemisch beifügen und ebenso gleichmäßig einrühren.

8 Aufstrich leicht scharf abschmecken und nett anrichten.

Tipp *Wem die Butter alleine zu fett ist, kann die Hälfte der Menge durch einen Rahmfrischkäse ersetzen.*

Brottipp

Mit einem aromatischen Vollkornbrot servieren.

Scharfer Sommeraufstrich

3 Knoblauchzehen
1 Pfefferoni
rotes Basilikum
150 g Topfen
100 g Hüttenkäse
30 g Marillenmarmelade
Salz
Pfeffer
1 Handvoll Kresse

1 Knoblauch schälen und feinst hacken.

2 Pfefferoni halbieren, sorgfältig entkernen und in kleine Stücke schneiden. Basilikum ebenso fein schneiden.

3 Topfen und Hüttenkäse mit der Marillenmarmelade und den Gewürzen gut verrühren. Danach die Kresse, Knoblauch, Pfefferoni und Basilikum zufügen und unterheben.

4 Aufstrich scharf abschmecken und anrichten.

Tipp *Wer Winterheckenzwiebel vorrätig hat, kann damit die Kresse ersetzen.*

Brottipp

Mit Ciabatta oder anderem luftigen Weißbrot servieren.

Eierkren mit Schnittlauch

4 Eier
Krenwurzel nach Geschmack
3 EL Sauerrahm
1 EL Apfelessig
1 EL Senf
1 Prise Salz
bunter Pfeffer aus der Mühle
1 Prise Zucker
1 Bund Schnittlauch

1 Die Eier in Salzwasser hart kochen und danach mit kaltem Wasser abschrecken. Nach dem Auskühlen abschälen.

2 Mit einem Eierteiler in kleine Würfel schneiden.

3 Kren schälen und fein reiben.

4 Eier mit Kren, Sauerrahm und Essig vermengen. Senf und Gewürze dazugeben und einrühren.

5 Schnittlauch in feine Röllchen schneiden und zuletzt unter den Aufstrich mischen.

6 Aufstrich aromatisch abschmecken und mit Schnittlauch garnieren.

Tipp *Dieser Aufstrich passt auch sehr gut zu Selchfleisch mit süßem Weißbrot als traditionelle Osterjause.*

Brottipp

Aufstrich mit Bauernbrot servieren.

Lavendelpaste mit Zitronen

150 g Frischkäse
100 g Rahmstreichkäse
Salz
1 Prise Zucker
Lavendelblüten von
2–3 Blütenständen
Schale von 1/2 Zitrone
1/2 TL rote Pfefferkörner

1 Frischkäse mit Rahmstreichkäse gut verrühren. Salz und Zucker dazugeben und unterrühren.

2 Lavendelblüten abzupfen.

3 Zitronenschale abreiben.

4 Pfefferkörner mit einem Messer hacken oder zerdrücken.

5 Alles gemeinsam zum Aufstrich geben und gut vermengen.

6 Aufstrich zu einem harmonischen Geschmack abstimmen und anrichten.

Tipp *Mit den Lavendelblüten zuerst sparsam sein. Es können bei Bedarf immer noch welche dazugegeben werden.*

Brottipp

Mit leicht gesüßtem Gebäck servieren.

Karotten-Rahmkäse-Aufstrich

150 g Karotten
80 g gelber Paprika
1 Zwiebel
2 EL Olivenöl
Rote Melde
Weinraute
250 g Rahmfrischkäse
Kräutersalz
Pfeffer
1 TL Balsamico

1. Karotten in wenig Wasser vordämpfen. Danach schälen und auskühlen lassen.

2. Paprika entkernen und in kleine Würfel schneiden.

3. Zwiebel schälen und ebenso in kleine Würfel schneiden.

4. Öl in einer Pfanne erhitzen. Zwiebel darin goldgelb anrösten. Danach die Paprika dazugeben und kurz mitrösten. Vom Herd nehmen und auskühlen lassen.

5. Die Kräuter nach Geschmack fein schneiden.

6. Alle Zutaten in den Cutter geben und gemeinsam mit den Gewürzen fein hacken.

7. Aufstrich gut würzig abschmecken und anrichten.

Tipp *Auch andere Gemüsesorten wie Brokkoli, Karfiol, Sellerie u.v.m. können so zu Aufstrichen verarbeitet werden und schaffen Abwechslung am Speiseplan.*

Brottipp

Schmeckt gut mit Schwarzbrot.

Wildkräuter-Nuss-Aufstrich

100 g Rahmfrischkäse
100 g Rahm-Brie
80 g gehackte Nüsse
(Walnüsse, Haselnüsse, Erdnüsse,
Cashewnüsse)
Salz
weißer Pfeffer
Wildkräuter
(Brennnessel, Giersch, Schafgarbe, Spitzwegerich ...)

1 Rahmfrischkäse und Rahm-Brie in den Cutter geben und zu einer homogenen Masse verarbeiten.

2 Nüsse und Gewürze dazugeben und nicht zu fein faschieren. Die Nussstücke sollen noch spürbar sein.

3 Die Wildkräuter fein schneiden und unter den Aufstrich mengen.

4 Gut abschmecken und anrichten.

Tipp *Zur besonderen Geschmacksabrundung einen kleinen Esslöffel Erdbeermarmelade dazugeben.*

Brottipp

Dazu Nussbrot oder Baguette servieren.

„Bunter Glundner"

(Kochkäse-Aufstrich)

50 g Butter
200 g Glundner Käse
50 g rote Zwiebeln
40 g oranger Paprika
20 g grüne Pfefferoni
evtl. Salz
evtl. Pfeffer aus der Mühle

Bauernbrot für die Brotchips

1 Butter in einer Pfanne bei mäßiger Hitze zerlassen. Glundner Käse dazugeben und langsam schmelzen lassen.

2 Zwiebel schälen und feinwürfelig schneiden.

3 Paprika und Pfefferoni sauber entkernen und ebenso in kleine Würfel schneiden.

4 Alles gemeinsam zum inzwischen zerlassenen Käse geben und unterrühren. 5 Minuten bei kleiner Flamme durchziehen lassen. Immer wieder umrühren. Wenn nötig noch eine wenig nachsalzen und pfeffern.

5 Anschließend in gefällige Formen füllen und noch warm mit Brotchips servieren.

Tipp *Nach Geschmack kann für diesen Aufstrich auch der Murtaler Steirerkäse oder der Tiroler Graukäse verwendet werden.*

Brottipp

Für die Brotchips Bauernbrot mit der Schneidemaschine in 2 Millimeter dicke Scheiben schneiden. Diese bei 100 °C im Backrohr 10 Minuten bähen.

Die Elitären

Zitronentopfen mit Erdbeeren

Saft und Schale von 1 Zitrone
150 g Erdbeeren
250 g Magertopfen
3 EL Crème fraîche
20 g Honig
1 Prise Salz

Zitronenthymian zum Garnieren

1 Zitrone gut waschen und Schale abreiben.

2 3/4 der Erdbeeren ebenso waschen und in kleine Würfel schneiden.

3 Topfen mit Crème fraîche gut verrühren, sodass eine cremige Masse entsteht.

4 Honig und Salz zufügen und unterrühren, dann die Zitronenschale und den Zitronensaft. Zuletzt die Erdbeeren unterheben, damit die Fruchtstückchen ganz bleiben.

5 Aufstrich gut abschmecken und anrichten. Mit Zitronenthymian garnieren.

6 Je nach Geschmack können Blätter vom Zitronenthymian auch zum Aufstrich gegeben werden.

Tipp *Dieser feine frühsommerliche Aufstrich harmoniert sehr gut mit Rohschinken.*

Brottipp

Dazu passt knuspriges Weißbrot.

Roastbeefaufstrich mit feinem Essiggemüse

50 g Essiggurkerl
50 g roter Paprika
2 scharf eingelegte Pfefferoni
1/2 Apfel
200 g Roastbeef
150 g Frischkäse
1 TL Balsamicoessig
1 Prise Zucker
Salz
Pfeffer

1 Essiggurkerl, roter Paprika und Pfefferoni feinwürfelig schneiden.

2 Apfel entkernen und mit Schale ebenso in kleine Würfel schneiden.

3 Roastbeef mit Frischkäse, Balsamicoessig und den Gewürzen in einen Cutter geben und fein hacken.

4 Vorbereitetes Gemüse und Apfelwürfel dazugeben und gut verrühren, aber nicht mehr cuttern.

5 Aufstrich würzig abschmecken.

Tipp *Anstelle von Roastbeef eignet sich rosa gebratenes Karree ebenso gut. Anstelle des Apfels bieten sich auch Preiselbeeren an.*

Brottipp

Mit herzhaftem Bauernbrot oder auch aromatischem Weißbrot servieren.

Aufstrich von geräucherter Lachsforelle

100 g Zwiebeln
20 g Butter
10 g Krenwurzel
200 g geräucherte Lachsforelle
Dijonsenf
Zitronenschale
Salz
10 g Petersilie
Pfeffer

6 Wachteleier und Petersilie zum Garnieren

Brottipp

Geröstetes lauwarmes Weißbrot ist die beste Unterlage für diesen schmackhaften Aufstrich.

1. Zwiebel schälen und feinwürfelig schneiden.
2. Butter zerlassen und Zwiebeln darin hellgelb anrösten. Vom Herd nehmen und auskühlen lassen.
3. Kren schälen und reiben.
4. Die geräucherte Lachsforelle in den Cutter geben. Senf, Kren, Zitronenschale, Salz und Petersilie dazugeben und nicht zu fein hacken.
5. Geröstete Zwiebeln zur Lachsforellenmasse geben und gut vermengen.
6. Aufstrich würzig abschmecken. Die Säure der Zitrone und der würzig scharfe Krengeschmack sollen leicht spürbar sein.
7. Für die Garnitur die Wachteleier in Salzwasser ca. 2 Minuten weichkochen. Danach abschrecken und etwas überkühlen lassen.
8. Eier schälen, halbieren und die Aufstrichbrötchen damit belegen.
9. Mit Petersilie garnieren.

Tipp *Die geräucherte Lachsforelle kann durch gebeizten Eismeersaibling ersetzt werden.*

Eierschwammerlaufstrich mit Rucola

250 g Eierschwammerl
100 g Zwiebeln
20 g Butter
Salz
weißer Pfeffer
30 g Rucola
200 g Rahmfrischkäse

1 Eierschwammerl säubern und waschen. Wenn nötig klein schneiden.

2 Zwiebel schälen und feinwürfelig schneiden.

3 Butter zerlassen und Zwiebeln darin anrösten. Schwammerl dazugeben und mitrösten, bis die austretende Flüssigkeit verdampft ist.

4 Mit Salz und Pfeffer würzen. Schwammerl auskühlen lassen. Ein paar kleine Schwammerl für die Garnitur zur Seite legen.

5 Rucola fein schneiden.

6 Rahmfrischkäse mit den ausgekühlten Schwammerln und dem Rucola gut vermengen und würzig abschmecken.

Tipp *Auch andere Schwammerl wie Stein- oder Herrenpilze schmecken köstlich bei dieser Art Aufstrich.*

Brottipp

Zu empfehlen ist ein frisches Sauerteigbrot.

Kalbfleischcreme mit Preiselbeeren

200 g Kalbsschulter
1 kleine Zwiebel
40 g Rapsöl
Salz
Pfeffer
1 g Thymian
5 rote Pfefferkörner
80 g Preiselbeerkompott

Preiselbeeren oder rote Pfefferkörner zum Garnieren

1 Fleisch in 2 × 2 Zentimeter große Würfel schneiden.

2 Zwiebel schälen und feinwürfelig schneiden.

3 Fett erhitzen und Fleischwürfel darin rasch anbraten. Zwiebel beifügen und mitrösten.

4 Mit Salz, Pfeffer und Thymian würzen. Fleisch auskühlen lassen.

5 Das kalte Zwiebelfleisch sauber aus der Pfanne putzen und gemeinsam mit den roten Pfefferkörnern durch den Fleischwolf fein faschieren. Ist die Masse zu wenig cremig, ein wenig Öl hinzufügen.

6 Aufstrich gut abschmecken und Preiselbeerkompott untermengen.

7 Aufstrich anrichten und mit Preiselbeeren oder rotem Pfeffer garnieren.

Tipp *Wird der Aufstrich geformt, kann das Preiselbeerkompott auch als Schicht eingebracht werden.*

Brottipp

Mit Nussbrot servieren.

Hühnerleberaufstrich mit Rotweingelee

1 kleine Zwiebel
2 Knoblauchzehen
20 g Öl
1 kleiner Zweig Rosmarin
250 g Hühnerleber
2 EL Rotwein
Salz
Pfeffer
100 g Grammeln

Für das Rotweingelee:
2 Blatt Gelatine
1/16 l Rotwein
1 TL Zucker

Frischhaltefolie

1 Zwiebel schälen und feinwürfelig schneiden. Knoblauch ebenso.

2 Öl erhitzen, Zwiebel und Knoblauch mit dem Rosmarinzweig darin hellbraun rösten.

3 Leber in Stücke von 2 × 2 Zentimetern schneiden, ebenso in die Pfanne geben und rasch durchrösten. Mit Rotwein aufgießen und vom Herd nehmen. Mit Salz und Pfeffer würzen und auskühlen lassen.

4 Die Leber mehrmals umrühren, damit der Wein die Röststoffe löst. Rosmarinzweig herausnehmen. Nach dem Auskühlen gemeinsam mit den Grammeln fein durch den Fleischwolf faschieren. Masse gut verrühren.

5 Während des Auskühlens wird das Rotweingelee zubereitet: Gelatine in kaltem Wasser einweichen. Wenn die Gelatine weich ist, diese mit dem Rotwein und dem Zucker auf niedriger Flamme auflösen.

6 Ein kleines Gefäß (Dose mit ca. 10 × 10 Zentimetern Grundfläche) mit Frischhaltefolie auslegen und Rotweingelee eingießen. Im Kühlschrank erstarren lassen.

7 Gelee in Würfel schneiden und damit den Hühnerleberaufstrich garnieren.

Brottipp

Auf Sesambaguette servieren.

Tipp *Anstelle des Rotweingelees passen auch Weinrosinen oder einfach frische Trauben oder Kirschen zu diesem feinen Aufstrich.*

Gerollte Rosenblütenbutter

250 g Süßrahmbutter
10 g Salz oder Kräutersalz
30 g frische Rosenblütenblätter

Frischhaltefolie

1 Einen geschmeidigen, nicht zu weichen Butterwürfel zwischen zwei Schichten Frischhaltefolie zu einem Viereck ausrollen. Die Butterplatte soll ca. 1 Zentimeter dick sein.

2 Die Frischhaltefolie von der Oberfläche abziehen. Oberfläche leicht salzen. Rosenblütenblätter darauf verteilen und mit dem Nudelwalker gut andrücken.

3 Mit der Folie wie bei einem Strudel die belegte Butter zu einer gleichmäßigen, dünnen Rolle einrollen und kalt stellen.

4 Wenn die Butter fest ist, wird diese in dünne Scheiben geschnitten.

Tipp *Andere Blüten wie Kornblume, Gundelrebe, Ringelblume, Himmelschlüsselblüte oder Veilchen eignen sich ebenso gut für dieses Rezept wie verschiedene Wild- und Gartenkräuter nach Geschmack und Jahreszeit.*

Brottipp

Genießen Sie diese Butter am besten auf Ihrem Lieblingsbrot. Sie ist eine hübsche Beigabe für ein besonderes Frühstück!

Gierschaufstrich mit Rotschmierkäse

100 g Zwiebeln
20 g Butter
30 g Giersch
180 g Rotschmierkäse
100 g Magertopfen
Salz
Pfeffer aus der Mühle

1 Zwiebel schälen und feinwürfelig schneiden.

2 Butter in einer Pfanne erhitzen und Zwiebeln darin hellbraun rösten.

3 Giersch fein schneiden und dazugeben. Pfanne umgehend vom Herd nehmen und die Zwiebel-Giersch-Masse auskühlen lassen.

4 Rotschmierkäse klein schneiden und gemeinsam mit dem Topfen zu einer cremigen Masse verrühren.

5 Mit der ausgekühlten Zwiebel-Giersch-Masse vermengen. Mit Salz und Pfeffer abschmecken.

Tipp *Giersch (auch Erdholler genannt) ist wunderbar vielfältig. Ob als Zutat zu diesem Aufstrich oder als Beigabe zu Kräutersalz, einer Blüten-Kräuter-Pizza oder frischen Speisen.*

Brottipp

Dazu passt gut ein Sonnenblumenkernbrot.

Wildpastete mit Vogelbeere

1 rote Zwiebel
250 g Schulter vom Reh, Hirsch oder Wildschwein
20 g Schweinefett
5 Wacholderbeeren
Salz
Pfeffer aus der Mühle
1 Zweig Rosmarin
100 g durchzogener Jausenspeck
60 g Vogelbeermarmelade

1 Zwiebel schälen und feinwürfelig schneiden.

2 Wildfleisch in Würfel von 2 × 2 Zentimetern schneiden.

3 Schweinefett erhitzen und Fleisch darin scharf anbraten.

4 Danach die Zwiebel und die Gewürze dazugeben und kurz weiterrösten, bis die Zwiebel etwas Farbe angenommen hat. Vom Herd nehmen und auskühlen lassen.

5 Inzwischen den Speck feinwürfelig schneiden und untermengen.

6 Rosmarinzweig entfernen. Alle Zutaten durch einen Fleischwolf faschieren. Dann die Vogelbeermarmelade dazugeben und gut verrühren.

7 Würzig abschmecken und zu einer Pastete formen, indem die Masse in eine kleine Form gepresst wird.

Tipp *Ist keine Vogelbeermarmelade erhältlich oder mag man den Geschmack nicht, kann stattdessen Preiselbeermarmelade verwendet werden.*

Brottipp

Sehr gut passt zu diesem Aufstrich Finnenbrot oder Kürbiskernbrot.

Honigmelonenaufstrich mit Rohschinken

200 g Fleisch von der Honigmelone
1 Limette
100 g Frischkäse
5 g Zucker
Salz
Pfeffer aus der Mühle

Rohschinken zum Belegen

1 Honigmelone schälen und entkernen. Mit einem Reibeisen grob raspeln.

2 Von der Limette für die Garnitur Zesten herunterreißen. Saft auspressen.

3 Frischkäse mit Zucker, Salz, Pfeffer und einigen Tropfen Limettensaft gut verrühren. Melonenraspel dazugeben und gut unterheben.

4 Aufstrich ca. 15 Minuten stehen und durchziehen lassen.

5 Danach Aufstrich mit Rohschinken auf Brot anrichten und mit Limettenzesten garnieren.

Tipp *Ist kein Frischkäse vorhanden, kann auch Topfen verwendet werden. Bei dieser Variante braucht man eine Spur mehr Zucker.*

Brottipp

Am besten harmoniert Walnussbrot mit diesem Aufstrich.

Aufstrich von geräucherter Forelle mit Paprikamarmelade

100 g Räucherforelle
100 g Zwiebeln
20 g Butter
Bohnenkraut (Ysop)
250 g Topfen
Salz
Pfeffer
80 g Paprikamarmelade

evtl. Ysopblüten zum Garnieren

1 Räucherforelle wenn nötig enthäuten und fein schneiden.

2 Zwiebel schälen und feinwürfelig schneiden.

3 Butter erhitzen und Zwiebeln darin goldgelb rösten. Vom Herd nehmen und auskühlen lassen.

4 Bohnenkraut fein schneiden.

5 Topfen, Fischstücke und Gewürze mit einem Handrührgerät gut durchrühren.

6 Paprikamarmelade und Zwiebeln unterrühren.

7 Aufstrich gut abschmecken und hübsch anrichten. Wenn vorhanden mit Ysopblüten garnieren.

Tipp *Paprikamarmelade wird wie jede andere Marmelade zubereitet: Roten, gelben oder orangen Paprika feinwürfelig schneiden und mit wenig Wasser weichkochen. Gelierzucker (Frucht und Zucker 1:1) beifügen und in 4 Minuten fertig kochen. In Gläser abfüllen und zu verschiedenen Gerichten servieren.*

Brottipp

Zu diesem Aufstrich ist ein Dinkelbrot empfehlenswert. Aber auch ein Mischbrot mit Dinkel- und Buchweizenmehl.

Karpfen-Asmonte-Aufstrich

150 g Karpfenfilet (geschröpft)
Salz
grober Pfeffer
1 EL Rapsöl
1/2 Apfel
50 g geriebener Asmonte
(= österreichischer Parmesan)
100 g Frischkäse
Saft von 1/2 Zitrone
10 g Braunzucker
Salz
Pfeffer

1 Karpfenfilet mit Salz und Pfeffer würzen.

2 Rapsöl erhitzen und Karpfenfilet mit der Hautseite zuerst einlegen, auf dieser Seite gut durchbraten. Danach wenden und fertig braten.

3 Fischfilet auskühlen lassen. Die mitgebratene Haut abziehen.

4 Apfel entkernen und mit der Schale reiben. Asmonte ebenso reiben.

5 Nun alle Zutaten in eine Schüssel geben und mit einem Handrührgerät gut verrühren.

6 Aufstrich pikant und würzig abschmecken und auf Apfelscheiben servieren.

Tipp *Für diesen Aufstrich können auch andere heimische Fischfilets verwendet werden. Wem der Asmonte zu intensiv ist, der kann auch milden Käse wie Gouda verwenden oder ein wenig mehr an Frischkäse nehmen.*

Brottipp

Dazu passt ein kräftiges Bauernbrot.

Chili-Bier-Aufstrich mit Schinken

2 Pfefferoni
10 g Braunzucker
1/16 l Bier
200 g Kochschinken
150 g Rahmstreichkäse
Salz
Pfeffer

1 Pfefferoni halbieren und fein schneiden.

2 Zucker in einer Pfanne ohne Fett karamellisieren und danach mit Bier aufgießen.

3 Die geschnittenen Pfefferoni in die Pfanne geben und gleich von der Herdplatte nehmen. Das Bier wird in der Folge gut verdampfen.

4 Auskühlen lassen.

5 Kochschinken feinwürfelig schneiden.

6 Alle Zutaten mit den Gewürzen in eine passende Rührschüssel geben und mit dem Handrührgerät gut vermengen.

7 Abschmecken und anrichten.

Tipp *Anstelle von Bier Weißwein und anstelle von Kochschinken Rohschinken verwenden – eine ganz andere Geschmacksrichtung!*

Brottipp

Mit Walnussbrot servieren.

Scharfes Sommergemüsetatar

200 g Salatgurken
100 g Zucchini
300 g Tomaten
100 g rote Zwiebeln
100 g gelber Paprika
1 EL Olivenöl
Chiliflocken oder 1 frische Chili
einige Blätter frischer Koriander
einige Blätter frisches Basilikum
Saft von 1 Limette
Salz
Pfeffer aus der Mühle

1 Salatgurken und Zucchini waschen und in feine Würfel schneiden.

2 Tomaten kreuzweise einschneiden und in kochend heißes Wasser legen, damit die Haut nach wenigen Minuten leicht abzuziehen ist. Danach Kerngehäuse herausnehmen und Filets ebenso in feine Würfel schneiden.

3 Zwiebeln schälen und feinwürfelig schneiden.

4 Paprika waschen und entkernen. Auch diese werden in feine Würfel geschnitten, sodass sie zum restlichen vorbereiteten Gemüse passen.

5 Olivenöl erhitzen und Gemüse in folgender Reihenfolge beigeben, dabei immer ca. 1 Minute dünsten lassen: Zwiebel, danach Paprika zufügen, anschließend Zucchini und Gurken, schlussendlich die Tomaten.

6 Chiliflocken oder frische Chili dazugeben und 2 Minuten dünsten. Dann auskühlen lassen.

7 Mit geschnittenen Korianderblättern und Basilikum sowie Limettensaft, Salz und Pfeffer würzig, sogar leicht scharf abschmecken.

Brottipp

Sehr gut passt dazu getoastetes Baguette oder Rosmarinfladenbrot.

Tipp *Ein guter Brotaufstrich, aber auch eine Art Salsa zu Fleischgerichten oder Käse. Im Frühjahr können auch Radieschen in dieser Form verarbeitet werden.*

Hirseaufstrich mit Zitrone

300 ml Wasser
Salz
50 g Hirse
100 g Frischkäse
Saft und Schale von 1 Zitrone
10 g Vanillezucker
40 g Honig

Zitronenzesten und Zitronenmelisse zum Garnieren

1 Wasser mit Salz aufkochen und gewaschene Hirse dazugeben. Herd auf kleine Flamme zurückschalten und Hirse im Salzwasser weich dämpfen.

2 Herd nach ca. 10 Minuten zur Gänze ausschalten und Hirse ca. 15 Minuten nachziehen lassen. Dann aus dem Kochtopf nehmen und auskühlen lassen.

3 Frischkäse, Saft und Schale der Zitrone, Vanillezucker und Honig mit dem Handrührgerät gut verrühren. Ausgekühlte Hirse darunterrühren.

4 Aufstrich nett anrichten und mit Zitronenzesten und Zitronenmelisse garnieren.

Tipp *Dieser Aufstrich kann ebenso gut mit Reis und Beeren zubereitet werden. Oder auch mit Couscous und ausgewählten Früchten wie Kirschen oder Marillenstückchen.*

Brottipp

Dazu kann leicht gesüßtes Weißbrot oder Milchbrot serviert werden.

Lammpastete

1 Zwiebel
250 g Lammschulter
Kräutersalz
Pfeffer aus der Mühle
1 EL Öl
4 Stk. Frühlingszwiebeln
100 g durchzogener Jausenspeck
1/2 TL rote Pfefferkörner

1 Zwiebel schälen und feinwürfelig schneiden.

2 Lammschulter in Würfel der Größe 2 × 2 Zentimeter schneiden und mit Salz und Pfeffer würzen.

3 Öl in einer Pfanne erhitzen und Fleischwürfel darin scharf anbraten. Dann die Zwiebelwürfel dazugeben und mitrösten.

4 Inzwischen die Frühlingszwiebeln mit dem grünen Lauch in Ringe schneiden. Diese ebenso in die Pfanne geben und 1 Minute mitrösten. Dann Pfanne vom Herd nehmen und auskühlen lassen.

5 Den Jausenspeck in kleine Würfel schneiden und zum ausgekühlten Lammfleisch geben. Ebenso die roten Pfefferkörner. Die gesamte Masse in einem Fleischwolf faschieren.

6 Danach gut durchrühren und würzig abschmecken.

Tipp *Je magerer das Fleisch für diese Pastete ist, umso mehr Speck gehört dazu, da die Aufstrichmasse sonst nicht bindet. Anstelle von Lammfleisch kann auch Fleisch von Schwein oder Rind, aber auch Wild oder Kitz verwendet werden.*

Brottipp

Mit Vollkornbrot oder Bauernbrot servieren.

Ziegenkäse-Honig-Nusscreme

50 g Haselnüsse
50 g Walnüsse
200 g Ziegenfrischkäse natur
40 g Honig
Salz
Saft von 1 Limette

1 Haselnüsse trocken rösten und dabei immer wieder schwenken, damit die Schalen nicht anbrennen. Wenn sich die Schalen zu lösen beginnen, gibt man die heißen Nüsse auf ein Geschirrtuch, hält die Enden zusammen und rubbelt die Schalen von den Nüssen ab.

2 Die gerösteten Haselnüsse auskühlen lassen und mit den Walnüssen in einem Cutter grob hacken.

3 Ziegenfrischkäse mit Honig, Salz und Limettensaft gut verrühren.

4 Danach die Nüsse dazugeben und unterheben. Fertig ist die köstliche Creme.

Tipp *Die Nüsse können auch einmal durch Erdnüsse ersetzt werden, ebenso die Limette durch eine Zitrone oder Orange.*

Brottipp

Creme mit Baguette oder Ciabatta servieren.

Rotwildaufstrich mit rotem Pfeffer und Pilzen

1 Zwiebel
200 g geputzte Pilze
(Steinpilze, Herrenpilze)
300 g Hirsch- oder Rehschulter
2 EL Rapsöl
1 Zweig Rosmarin
Salz
Pfeffer aus der Mühle
1/2 TL rote Pfefferkörner
40 g Preiselbeermarmelade

1 Zwiebel schälen und feinwürfelig schneiden. Pilze ebenso fein schneiden.

2 Wildfleisch in Würfel von 2 × 2 Zentimetern schneiden.

3 Öl erhitzen und Fleisch darin scharf anbraten. Rosmarinzweig mitbraten. Mit Salz und Pfeffer würzen.

4 Wenn das Fleisch durchgebraten ist, aus der Pfanne nehmen und auskühlen lassen.

5 Zwiebeln und Pilze in die Pfanne geben und goldgelb rösten. Rosmarinzweig wegnehmen.

6 Fleisch gemeinsam mit den roten Pfefferkörnern faschieren und mit den gerösteten Pilzen vermengen.

7 Zuletzt Preiselbeeren unterrühren und Aufstrich sehr gut abschmecken.

Tipp *Anstelle der Pilze kann man ein Stück Karotte und Sellerie mitbraten und -faschieren. Eine schöne Farbe bekommt der Aufstrich auch durch die Beigabe von etwas Tomatenmark.*

Brottipp

Besonders köstlich schmeckt dieser Aufstrich mit Walnussbrot.

Die Vegetarischen und Veganen

Sellerie-Apfel-Aufstrich

250 g Sellerieknolle
1 Apfel
etwas Zitronensaft
30 g Walnüsse
250 g Magertopfen
50 g Sauerrahm
Salz
weißer Pfeffer

Apfel und Walnusskerne zum Garnieren

1 Sellerie schälen und fein reiben. Den Apfel waschen und mit der Schale ebenso fein reiben.

2 Beides mit Zitronensaft beträufeln und vermischen.

3 Die Walnüsse hacken und unter das Apfel-Sellerie-Gemisch mengen.

4 Topfen und Sauerrahm mit Salz und Pfeffer gut verrühren. Apfel-Sellerie-Gemisch unterheben.

5 Aufstrich fein abschmecken und in einem passenden Gefäß anrichten.

6 Mit Walnüssen und Apfelspalten nett garnieren.

Tipp *Sellerietopfen passt auch gut als Vorspeise. Wer rohen Sellerie nicht so gerne mag, kann diesen vorher auch dämpfen.*

Brottipp

Dieser Aufstrich harmoniert geschmacklich gut mit Walnussbrot.

Bunter Erdäpfelaufstrich

300 g mehlig kochende Erdäpfel
60 g Karotten
60 g Erbsen
1 kleine Zwiebel
je 1/4 roter und grüner Paprika
1/8 l Crème fraîche
Salz
Pfeffer aus der Mühle

1 Erdäpfel kochen und noch warm schälen.

2 Gekochte Erdäpfel passieren oder fein reiben.

3 Karotten und Erbsen dämpfen. Dann Karotten schälen und in kleine Würfel schneiden.

4 Zwiebel schälen und feinwürfelig schneiden. Ebenso die entkernten Paprika.

5 Crème fraîche mit den Gewürzen unter die passierten Erdäpfel mengen. Das Gemüse dazugeben und gut verrühren.

6 Aufstrich würzig abschmecken und anrichten.

Tipp *Vegan kann dieser Aufstrich ebenso mit den Kochcrèmes Rice- oder Soja-Cuisine zubereitet werden.*

Brottipp

Natürlich passt dazu am besten herzhaftes aromatisches Bauernbrot.

Grünkernaufstrich

50 g Grünkern
(trocken, also noch nicht gekocht)
1/2 l Gemüsefond
100 g Karotten
1 kleine Zwiebel
1 Knoblauchzehe
80 g Butter
1/2 TL Majoran
1/2 TL Basilikum
Kurkuma
Kräutersalz
weißer Pfeffer

Kräuter zum Garnieren
(Majoran, Basilikum, aber auch
Schnittlauch oder Petersilie)

Brottipp

Mit Vollkornbrot zu Tisch bringen.

1 Grünkern mit der Getreidemühle schroten und im Gemüsefond bei schwacher Hitze zugedeckt 15 Minuten köcheln lassen.

2 Karotten im Ganzen mit dem Grünkernschrot mitdämpfen. Herausnehmen, wenn sie noch leicht knackig sind, und schälen. Danach in kleine Würfel schneiden.

3 Den Topf vom Herd nehmen und den Grünkernschrot noch ca. 25 Minuten zugedeckt ausquellen lassen. Dann gut abkühlen lassen.

4 Die Zwiebel schälen und feinwürfelig schneiden. Ebenso den Knoblauch.

5 Ein Viertel der Butter in eine Pfanne geben und darin Zwiebel und Knoblauch goldgelb anschwitzen. Vom Herd nehmen und auskühlen lassen.

6 Den erkalteten Grünkernschrot mit der restlichen Butter verrühren. Gemüsekomponenten und Gewürze zufügen und gut verrühren.

7 Den Aufstrich mit geschnittenem Majoran und Basilikum verfeinern.

8 Zum Garnieren den Aufstrich mit frisch gehackten Kräutern bestreuen.

Tipp *Ist keine Getreidemühle vorhanden, können die Grünkernkörner auch im Ganzen gedämpft werden. Sie werden dann mit dem Cutter zerkleinert.*

Thymiantopfen mit Sonnenblumenkernen

100 g Sonnenblumenkerne
1–2 Zweige frischer Thymian
250 g Magertopfen
3 EL Sauerrahm
2 Knoblauchzehen
Salz
Pfeffer aus der Mühle

Thymian zum Garnieren

1 Die Sonnenblumenkerne in einer Pfanne bei mittlerer Hitze trocken rösten, bis sie goldgelb sind. Gut auskühlen lassen.

2 Den Thymian waschen, trocken schwenken, die Blättchen von den Stielen zupfen und fein hacken.

3 Den Topfen mit dem Sauerrahm gut verrühren.

4 Die Sonnenblumenkerne hacken und mit den Thymianblättchen unterrühren.

5 Die Knoblauchzehen schälen und fein hacken.

6 Knoblauch mit Salz und Pfeffer zum Aufstrich geben, unterrühren und pikant abschmecken.

7 Den Aufstrich mit Thymian bestreut servieren.

Tipp *Sonnenblumenkerne können auch durch Kürbiskerne ersetzt werden.*

Brottipp

Dazu passt sehr gut Dinkel-Topfen-Brot.

Frühlingszwiebelaufstrich

1 Bund Frühlingszwiebeln
250 g Magertopfen
1 Pkg. Hüttenkäse
Salz
weißer Pfeffer

1 Frühlingszwiebeln säubern und Wurzeln abschneiden. Die welken Stellen vom Grün wegschneiden.

2 Vom grünen Teil der Zwiebeln etwas zurückbehalten und als Dekoration für den Aufstrich verwenden.

3 Frühlingszwiebeln in feine Ringe schneiden.

4 Topfen und Hüttenkäse mit den Gewürzen gut verrühren. Zwiebelringe unterheben.

5 Aufstrich würzig abschmecken.

Tipp *Die Frühlingszwiebelringe in Butter leicht anschwitzen und dann zum Aufstrich geben. Der Aufstrich erhält dadurch eine feinere, leicht süßliche Geschmackskomponente.*

Brottipp

Mit kräftigem Roggenbrot servieren.

Limetten-Sonnenblumenkern-Aufstrich

100 g Sonnenblumenkerne
250 g Topfen
40 g Crème fraîche
Salz
Pfeffer aus der Mühle
Saft und Schale von 1 Limette

1 Sonnenblumenkerne in einer Pfanne trocken rösten. Danach auskühlen lassen.

2 Topfen und Crème fraîche mit den Gewürzen im Cutter gut verrühren.

3 Limettenschale abreiben und Saft auspressen. Gemeinsam mit den Sonnenblumenkernen zum Aufstrich geben und im Cutter fein hacken.

4 Aufstrich gut abschmecken.

Tipp *Mit Orangenschalen, Orangensaft und Honig kann man ganz einfach eine süße Variante dieses Aufstrichs zaubern.*

Brottipp

Am besten mit dunklem Brot servieren.

Rohkostaufstrich

100 g Karotten
50 g Sellerie
1 kleine Zwiebel
2 Knoblauchzehen
frische Kräuter
(Bohnenkraut, Oregano,
Basilikum, Eberraute,
Rucola, Rosmarin)
250 g Magertopfen
3 EL Sauerrahm
Kräutersalz
weißer Pfeffer

Kräuter zum Garnieren

1 Karotten und Sellerie schälen und fein reiben.

2 Zwiebel schälen und feinwürfelig schneiden. Ebenso die Knoblauchzehen.

3 Die Kräuter sortieren, wenn nötig waschen und trocknen. Dann fein hacken.

4 Topfen mit Sauerrahm und den Gewürzen sehr gut verrühren.

5 Vorbereitetes Gemüse dazugeben und vermengen.

6 Den Aufstrich gut würzig abschmecken.

7 Mit gehackten Kräutern bestreut servieren.

Tipp *Das Gemüse kann je nach Saison und Geschmack natürlich variiert werden. Die Mengenangaben sind Circa-Mengen.*

Brottipp

Dazu ein Vollkornbrot oder Vollkornkleingebäck servieren.

Linsenaufstrich

75 g Linsen
(trocken, also noch nicht gekocht)
1 Zwiebel
1/2 Stange Lauch
30 g Butter
125 g Magertopfen
100 g Hüttenkäse
Salz
Pfeffer

Kurkuma zum Bestreuen

1. Linsen einige Stunden einweichen und dann weichkochen.
2. Zwiebel schälen und feinwürfelig schneiden.
3. Lauch putzen und in feine Ringe schneiden.
4. Butter in einer Pfanne erhitzen, Zwiebel und Lauch darin goldgelb anrösten. Dann gut auskühlen lassen.
5. Den Magertopfen mit dem Hüttenkäse und den Gewürzen gut verrühren.
6. Linsen und Lauch-Zwiebel-Gemisch untermengen.
7. Aufstrich würzig abschmecken und in einem hübschen Gefäß anrichten.
8. Mit Kurkuma bestreuen.

Tipp *Es eignen sich alle Arten und Farben von Linsen für diesen Aufstrich. Wenn man es eilig hat, können auch fertige Linsen aus der Dose verwendet werden.*

Brottipp

Dazu frisch gebackene Vollkornbrötchen reichen.

Veganer Linsenaufstrich

100 g rote Linsen
300 ml Gemüsefond
(oder Suppe)
100 g Frühlingszwiebeln
2 EL Olivenöl
2 Zweige Zitronenthymian
Kräutersalz
Pfeffer aus der Mühle

1 Linsen im Gemüsefond weichkochen. Sie sollen nicht zerfallen.

2 Frühlingszwiebeln putzen und klein schneiden.

3 Öl in einer Pfanne erhitzen und Zwiebeln anschwitzen.

4 Linsen im Gemüsefond dazugeben und dünsten, dabei immer wieder umrühren. Wenn die Masse streichfähig ist, vom Herd nehmen.

5 Thymianzweige rebeln.

6 Aufstrich mit Salz, Pfeffer und Thymian gut würzen und anrichten.

Tipp *Jede Linsensorte eignet sich für diesen Aufstrich. Die Verarbeitung ist dabei immer dieselbe.*

Brottipp

Zu diesem Aufstrich passt jedes Brot!

Erbsenrahm

250 g Erbsen
1 EL Schlagobers
250 g Magertopfen
10 g süßer Senf
Kräutersalz
weißer Pfeffer
1 TL Weißweinessig
1 Prise Zucker

1. Die Erbsen 2 Minuten dämpfen. Dann mit sehr kaltem Wasser kurz übergießen, damit die Farbe erhalten bleibt.
2. Erbsen gemeinsam mit dem Schlagobers mit einem Pürierstab fein pürieren.
3. Topfen, Senf und Gewürze gut verrühren.
4. Passierte Erbsen und Weißweinessig untermengen.
5. Erbsenrahm gut abschmecken und elegant anrichten.

Tipp *Die Erbsen können auch mit der Flotten Lotte passiert werden.*

Brottipp

Dazu genehm ist sicher ein Vollkornstangerl.

Bunter Gemüseaufstrich

100 g Erdäpfel
50 g Sellerie
100 g Zucchini
50 g roter Paprika
50 g Brokkoli
Kräutersalz
Pfeffer aus der Mühle
2 EL Leinöl

1 Erdäpfel kochen.

2 Sellerie, Zucchini, Paprika und Brokkoli kurz dämpfen.

3 Erdäpfel schälen und durch die Erdäpfelpresse drücken.

4 Das Gemüse mit den Erdäpfeln, den Gewürzen und dem Öl in den Cutter geben und hacken, bis eine homogene Masse entsteht.

5 Aufstrich herausnehmen und gut abschmecken.

Tipp *Eine Verwertungsvariante für übrig gebliebene gekochte Erdäpfel.*

Brottipp

Mit einem würzigen Sauerteigbrot servieren.

Scharfer Käferbohnenaufstrich

120 g rote Zwiebeln
1 grüner Pfefferoni
2 EL Rapsöl
250 g gekochte Käferbohnen
Majoran
Thymian
Kräutersalz
Pfeffer

1 Zwiebeln schälen und feinwürfelig schneiden.

2 Pfefferoni halbieren und sorgfältig entkernen. Danach fein schneiden.

3 Rapsöl in einer Pfanne erhitzen. Zwiebeln darin goldgelb anschwitzen.

4 Pfefferoni zufügen und noch kurz mitrösten. Danach gut auskühlen lassen.

5 Alle Zutaten in den Cutter geben und fein-cremig faschieren.

6 Aufstrich herausnehmen und scharf-pikant abschmecken.

7 Farblich nett anrichten.

Tipp *Die Schärfe kann mit Chiliflocken leichter dosiert werden.*

Brottipp

Mit Ölsaatenbrot servieren.

Tomatenaufstrich mit Schafskäse

3 Tomaten
50 g Vogerlsalat
150 g Schafskäse
1 EL Olivenöl
Salz
Pfeffer aus der Mühle

1 Die Tomaten einschneiden und in heißes Wasser legen. Wenn sich die Haut zu lösen beginnt, herausnehmen und die Haut abziehen.

2 Tomaten aushöhlen und das Fruchtfleisch in Stücke schneiden.

3 Vogerlsalat waschen und trocken schleudern.

4 Schafskäse in Stücke schneiden.

5 Alle Zutaten gemeinsam in den Cutter geben und faschieren.

6 Den Aufstrich würzig abschmecken und anrichten.

Tipp *Sehr gut zu derartigen Aufstrichen passt auch getoastetes Brot, weil die Feuchtigkeit nicht so rasch ins Brot einzieht.*

Brottipp

Dazu am besten sommerliches Weißbrot servieren.

Kresse-Ei-Aufstrich mit Radieschen

3 Eier
60 g Radieschen
250 g Topfen
80 g Rahmstreichkäse
1 TL Senf
Salz
Pfeffer aus der Mühle

50 g Kresse zum Garnieren

1 Eier in Salzwasser hart kochen. Mit kaltem Wasser abschrecken und auskühlen lassen. Danach schälen.

2 Radieschen waschen, putzen und halbieren.

3 Topfen und Rahmstreichkäse mit den Gewürzen in den Cutter geben und kurz durchrühren.

4 Eier und Radieschen gemeinsam mit Senf zufügen und im Cutter fein hacken.

5 Aufstrich gut abschmecken und mit Kresse bestreut servieren.

Tipp *Sehr gut schmeckt der Aufstrich auch nur mit Ei und Kresse. Dann gibt man Kresse direkt zum Aufstrich dazu.*

Brottipp

Dieser Aufstrich harmoniert mit vielen Broten nach persönlichem Geschmack.

Basilikumbutter mit Tomaten

200 g Tomaten
10 g Basilikum
120 g Butter
Kräutersalz

1 Tomaten kreuzweise einschneiden.

2 Wasser erhitzen und Tomaten einlegen. Wenn sich die Haut zu lösen beginnt, die Tomaten herausnehmen und Haut abziehen.

3 Kerne und Flüssigkeit aus dem Inneren der Tomaten herauslösen und Tomatenfilets mit Küchenkrepp trocken tupfen.

4 Basilikum fein schneiden.

5 Butter mit Salz sehr schaumig rühren.

6 Tomatenfilets und Basilikum zufügen und zu einer homogenen Masse verrühren.

7 Gut abschmecken.

Tipp *Wenn Sie getrocknete Tomaten bevorzugen, diese eine halbe Stunde vorher einweichen und dann trocken tupfen, ehe sie mit der Butter im Cutter gehackt werden.*

Brottipp

Passt hervorragend auf getoastetes Weißbrot.

Brokkoliaufstrich in Tomaten

200 g Brokkoli
125 g Frischkäse
125 g Crème fraîche
Salz
Pfeffer aus der Mühle
1 Prise Zucker
5 Tropfen Weißweinessig

Tomaten zum Anrichten

1 Brokkoli in kleine Röschen teilen und 3 Minuten über Dampf garen. Dann sehr kalt abschrecken, damit die Farbe erhalten bleibt.

2 Frischkäse und Crème fraîche mit den Gewürzen und dem Essig im Cutter einmal gut durchmengen.

3 Brokkoliröschen dazugeben und fein faschieren.

4 Aufstrich gut abschmecken.

5 Tomaten halbieren und Aufstrich darin anrichten.

Tipp *Einmal ganz in weiß? Brokkoli gegen Karfiol tauschen!*

Brottipp

Dazu passt gut Roggenklein-gebäck.

Vegane Erbsencreme

250 g Erbsen
150 g gelber Kürbis
1 Knoblauchzehe
3 EL Rapsöl
Kräutersalz
weißer Pfeffer

1 Erbsen 2 Minuten dämpfen.

2 Kürbis schälen und entkernen. Danach in kleine Würfel schneiden.

3 Knoblauch schälen und fein schneiden.

4 2 Esslöffel Rapsöl in einer Pfanne erhitzen und die Kürbiswürfel darin kurz anbraten.

5 Knoblauch zufügen und unterrühren. Vom Feuer nehmen und auskühlen lassen.

6 Erbsen mit 1 Esslöffel Rapsöl und den Gewürzen passieren, bis eine homogene Masse entsteht.

7 Kürbiswürfel mit Knoblauch darunterrühren.

8 Aufstrich gut abschmecken.

Tipp *Die Kürbiswürfel lassen je nach Sorte noch ein wenig Flüssigkeit. In solchen Fällen die Würfel mit Küchenkrepp trocknen, bevor sie zum Aufstrich gegeben werden.*

Brottipp

Aufstrich mit einem kleinen Jourgebäck aus Weizen oder Dinkel mit Ölsaaten servieren.

Oregano-Tomaten-Aufstrich

- 4 Tomaten
- 100 g Zucchini
- 20 g Butter
- Oreganoblätter
- Salz
- grüne Pfefferkörner

1 Tomaten kreuzweise einschneiden und in kochendes Wasser legen. Wenn sich die Haut zu lösen beginnt, herausnehmen und Haut abziehen.

2 Tomaten überkühlen lassen und dann halbieren. Kerngehäuse herausschälen. Tomatenfilets mit Küchenkrepp trocken tupfen.

3 Zucchini in Stücke schneiden und in Butter hellbraun anbraten.

4 Oreganoblätter abrebeln.

5 Ausgekühlte Tomaten mit den restlichen Zutaten im Cutter so fein hacken, dass noch eine Zutatenstruktur erhalten bleibt.

Tipp *Derartige Gemüseaufstriche sind in erster Linie für die Sommerzeit, aber auch den Herbst vorgesehen, da die Zutaten dann Saison haben. Alleine mit Kürbis gibt es so viele Variationsmöglichkeiten, man kann daher auf kühlendes Sommergemüse in der kalten Jahreszeit verzichten.*

Brottipp

Olivenbrot würde diesen Aufstrich hervorragend abrunden.

Die Süßen und Süß-Pikanten

Apfel-Kren-Aufstrich

1 roter Apfel
10 g Butter
20 g Krenwurzel
250 g Topfen
Salz
10 g Zucker

1 Apfel halbieren und entkernen. Mit der Schale in kleine Würfel schneiden.

2 Butter in einer Pfanne zerlassen und Apfelwürfel darin 2 Minuten dünsten. Vom Herd nehmen und auskühlen lassen.

3 Kren schälen und fein reiben.

4 Topfen mit Salz und Zucker verrühren.

5 Gedünstete Apfelwürfel und den Kren dazugeben und gut vermengen.

6 Aufstrich abschmecken und gefällig anrichten.

Tipp *Versuchen Sie diesen Aufstrich auch in der Birnenvariante, wobei die Birnen ebenso wie die Äpfel vorbereitet werden.*

Brottipp

Mit Bauernbrot oder auch mit Weißbrot servieren.

Karotten-Apfel-Aufstrich

150 g Karotten
1 roter Apfel
250 g Topfen
3 EL Sauerrahm
Salz
1/2 TL Zucker
evtl. ein paar Chiliflocken

1 Karotten schälen und fein raspeln.

2 Apfel mit der Schale grob raffeln.

3 Topfen und Sauerrahm mit Salz und Zucker verrühren.

4 Karotten und Apfel zufügen und gut untermengen.

5 Aufstrich würzig abschmecken und wenn gewünscht mit ein paar Chiliflocken schärfen.

Tipp *Versuchen Sie es auch einmal mit Sellerie und Birnen. Ob so oder so, besonders gut schmeckt dieser Aufstrich, wenn Sie gehackte Walnüsse darüberstreuen.*

Brottipp

Passt zum Beispiel gut zu einem Wachauerweckerl.

Honig-Walnuss-Aufstrich

50 g Walnüsse
125 g Mascarino
125 g Topfen
10 g Zucker
Salz
weißer Pfeffer
3 EL Waldhonig

1 Die Walnüsse fein reiben.

2 Mascarino und Topfen gut verrühren.

3 Zucker, Salz und Pfeffer dazugeben und vermengen.

4 Honig und Walnüsse einrühren und Aufstrich schmackhaft abschmecken.

5 Mit Walnüssen und Honig nett anrichten.

Tipp *Die vielfältigen Honigangebote von Wald- bis Akazienhonig lassen viele verschiedene Geschmackserlebnisse zu.*

Brottipp

Dazu schmeckt sehr gut ein Finnenbrot.

Preiselbeergervais mit grünem Pfeffer

150 g Topfen
100 g Rahm-Gervais
1 EL Honig
Salz
Saft von 1/2 Zitrone
3 EL Preiselbeermarmelade
1 TL grüne Pfefferkörner

Preiselbeermarmelade zum Garnieren

1. Topfen mit Rahm-Gervais gut verrühren.
2. Honig, Salz und Zitronensaft unterrühren.
3. Danach die Preiselbeermarmelade dazugeben und unterheben.
4. Grüne Pfefferkörner fein hacken und zuletzt zufügen.
5. Aufstrich in einem hübschen Gefäß anrichten und mit Preiselbeeren garnieren.

Tipp *Ein guter Aufstrich für ein Frühstück oder als Garnitur für Fleischplatten. Eine leichte Abwandlung bei diesem Aufstrich wäre die Verwendung von Orangensaft und einer kleinen Menge Dijonsenf.*

Brottipp

Mit frischem, duftendem Baguette servieren.

Rahmkäseaufstrich mit Himbeeren

100 g Rahmstreichkäse
200 g Mascarino
Eberraute oder Thymian
Salz
100 g Himbeeren
1 EL Honig

1 Rahmstreichkäse mit Mascarino gut verrühren.

2 Eberraute oder Thymian fein schneiden und dazugeben. Salzen und verrühren.

3 Himbeeren und Honig dazugeben und sehr gut verrühren, damit die Himbeeren ein wenig zerkleinert werden. Dadurch tritt Saft aus, der den Aufstrich rötlich färbt.

4 Aufstrich harmonisch abschmecken und anrichten.

Tipp *Wenn Erdbeeren gerade Saison haben, können diese die Himbeeren gut ersetzen. Dieser Aufstrich schmeckt auch zu Rohschinken hervorragend.*

Brottipp

Mit einem feinen Milchbrot zum Genuss anbieten.

Hühnerfleischaufstrich mit Ananas

300 g gebratenes Hühnerfleisch
5 Scheiben Ananas
(frisch oder aus der Dose)
50 g Walnüsse
125 ml Sauerrahm
Salz
Pfeffer aus der Mühle
evtl. etwas Zucker oder Honig

1 Scheibe Ananas zum Garnieren

1 Hühnerfleisch wenn nötig von den Knochen lösen und in kleinere Würfel schneiden.

2 Fleisch in den Cutter geben und vorerst grob hacken.

3 Ananas, Nüsse und Sauerrahm sowie die Gewürze dazugeben und nochmals hacken, bis alles gut vermengt ist.

4 Aufstrich abschmecken, wenn nötig mit Zucker oder Honig etwas nachsüßen und beliebig anrichten.

Tipp *Statt Ananasscheiben kann man auch einen heimischen, leicht gedünsteten Apfel verwenden. Schmeckt genauso gut!*

Brottipp

Dieser Aufstrich gewinnt durch die Kombination mit Dinkeljourgebäck.

Adventaufstrich mit Trockenfrüchten

50 g getrocknete Datteln
50 g Dörrpflaumen
50 g getrocknete Feigen
1/16 l Apfelsaft
100 g Magertopfen
150 g Mascarino
Zimt
Nelkenpulver
Salz
50 g Walnüsse
40 g Honig

1 Datteln entkernen.

2 Dörrpflaumen, Feigen und Datteln fein schneiden.

3 Apfelsaft erhitzen und die Früchte darin 5 Minuten langsam ziehen lassen. Dabei immer wieder umrühren. Danach auskühlen lassen.

4 Topfen und Mascarino gut verrühren. Gewürze dazugeben und unterrühren.

5 Nüsse hacken und gemeinsam mit dem Honig der Masse zufügen.

6 Die Früchte aus dem Apfelsaft nehmen, zum Aufstrich geben und gut vermengen.

7 Abschmecken und anrichten.

Tipp *Wer kandierte Früchte wie Aranzini oder Zitronat mag, kann diese ebenso gut für diesen Aufstrich verwenden.*

Brottipp

Dieser Aufstrich ist eine Besonderheit auf einem milden Bauernbrot.

Brombeeraufstrich

100 g Brombeeren
20 g Braunzucker
100 g Magertopfen
150 g Frischkäse
Salz
weißer Pfeffer
5 Blätter Basilikum

20 g Pistazien zum Garnieren

1. Die Brombeeren vierteln und mit dem Braunzucker vermengen. Ca. 30 Minuten ziehen lassen.

2. Topfen und Frischkäse gut verrühren und mit Salz und Pfeffer würzen.

3. Basilikum fein schneiden, mit den Brombeeren zum Aufstrich geben und gut vermengen.

4. Aufstrich kosten und abschmecken.

5. Gefällig anrichten und mit gehackten Pistazien bestreut servieren.

Tipp *Die Brombeeren können auch kurz in einem Esslöffel Rotwein gedünstet werden, was dem Aufstrich eine besonders aromatische Würzung verleiht.*

Brottipp

Schmeckt gut auf Dinkelbrot oder Mischbrot.

Karamellcreme

(der besonders süße Aufstrich)

1 Vanilleschote
1/16 l Milch
50 g Butter
100 g Zucker
200 g Mascarino
1 Prise Salz

1 Das Mark der Vanilleschote sorgfältig auskratzen.

2 Milch in einem breiten Topf aufkochen, damit die Oberfläche zur Verdunstung größer ist. Butter und Zucker zufügen und gut verrühren. Die Hitze zurücknehmen und so lange langsam köcheln lassen, bis die Masse eingedickt ist. Immer wieder umrühren, damit die Zuckermasse nicht anbrennt.

3 Die Vanilleschote entfernen und auskühlen lassen.

4 Mascarino mit dem Salz verrühren und zur ausgekühlten Karamellcreme geben, alles gut vermengen.

5 Abschmecken.

Tipp *Als Gewürze können nach Geschmack auch Zimt, Nelken oder eine Prise Kardamom verwendet werden.*

Brottipp

Mit einem Zimtgebäck oder leicht gesüßtem Weißbrot servieren.

Räucherforellenaufstrich mit Dunstäpfeln

1 Apfel
Saft von 1/2 Zitrone
10 g Zucker
150 g Räucherforellenfilet
150 g Frischkäse
100 g Topfen
Kräutersalz
weißer Pfeffer

Basilikum zum Garnieren

1 Apfel schälen, vierteln und entkernen.

2 In kleine Würfel schneiden und mit dem Saft der Zitrone und dem Zucker in 2 Minuten weichdünsten. Danach auskühlen lassen.

3 Forellenfilet wenn nötig enthäuten und in Stücke schneiden.

4 Frischkäse und Topfen mit Salz und Pfeffer in den Cutter geben und vermengen. Forellenstücke dazugeben und fein hacken.

5 Aufstrich herausnehmen und die ausgekühlten Dunstäpfel leicht unterrühren.

6 Vor dem Anrichten gut abschmecken und dann mit fein geschnittenem Basilikum garnieren.

Tipp *Wer mag, kann anstelle der Äpfel etwas gerissenen Kren verwenden oder einfach zu diesem Rezept dazugeben.*

Brottipp

Dazu wird Bauernbrot mit Sesam oder Sonnenblumenkernen serviert.

Süßer Paprikaaufstrich

400 g Paprika, bunt gemischt
30 g Butter
1 Ästchen Thymian
1 Ästchen Bohnenkraut
50 g Zucker
100 g Frischkäse
Kräutersalz
Pfeffer aus der Mühle

1 Paprikaschoten vierteln und entkernen.

2 Auf ein mit Backpapier belegtes Backblech legen und so lange bei 180 °C im Backrohr lassen, bis sich die Haut abzulösen beginnt. Dann herausnehmen und enthäuten.

3 Butter in einer Pfanne zerlassen. Paprikafilets in kleinere Stücke schneiden, mit den Gewürzästchen und dem Zucker in der Butter schmoren, bis die Filets ganz weich sind. Dann auskühlen lassen.

4 Frischkäse mit Salz und Pfeffer im Cutter verrühren. Die Gewürzästchen aus der Pfanne mit dem geschmorten Paprika nehmen.

5 Gezuckerten Paprika zum gewürzten Frischkäse geben und noch einmal kurz cuttern, bis der Paprika zerkleinert ist, aber der Aufstrich noch eine Struktur hat.

6 Aufstrich gut würzig abschmecken und in Gläsern anrichten.

Tipp *Dieser Aufstrich kann für Scharfesser mit Chiliflocken oder einer mitgeschmorten Chilischote verfeinert werden.*

Brottipp

Mit getoastetem Baguette ist der Aufstrich eine tolle Abwechslung.

Weinroter Apfel-Rüben-Aufstrich

2 Äpfel
20 g Butter
Saft von 1/2 Zitrone
10 g Zucker
20 g Krenwurzel
50 g rote Rüben
(gekocht oder vom Salat)
Salz

1 Die Äpfel schälen, vierteln und entkernen. In kleinere Stücke schneiden.

2 Butter in einer Pfanne zerlassen und Äpfel dazugeben. Zitronensaft und Zucker zufügen und Äpfel in einigen Minuten weichdünsten. Pfanne dabei nicht abdecken, damit der Dampf entweichen kann.

3 Äpfel vom Herd nehmen, wenn keine Flüssigkeit mehr in der Pfanne ist, und auskühlen lassen.

4 Kren schälen und fein reiben.

5 Äpfel gemeinsam mit den roten Rüben in den Cutter geben und hacken. Leicht salzen und Kren dazugeben. Nochmals kurz pürieren.

6 Geschmack harmonisch zur wunderbaren Aufstrichfarbe abstimmen und Aufstrich anrichten.

Tipp *Eine sehr schmackhafte Variante ist es, wenn man eingelegten Fisch dazugibt. Diesen trocken tupfen und zu den Äpfeln und roten Rüben in den Cutter geben.*

Brottipp

Auf Brot mit schwarzem Sesam genießen.

Scharf-süßer Mohn-Kirsch-Aufstrich

150 g Kirschen
(frisch oder Kompottkirschen)
2 kleine bunte Chilischoten
(je nach Schärfe)
200 g Frischkäse
Kräutersalz
100 g Kirschenmarmelade
30 g gemahlener Mohn

1 Kirschen entsteinen und klein schneiden.

2 Chilischoten halbieren und sorgfältig entkernen. Ebenso in sehr kleine Stücke schneiden.

3 Frischkäse mit Salz gut verrühren. Dann Kirschenstücke, Marmelade und Chili dazugeben und gut vermengen.

4 Schlussendlich den Mohn unterrühren.

5 Scharf-süß abschmecken und anrichten.

Tipp *Mohn harmoniert hervorragend mit Kirschen. Aber auch Himbeeren und Mohn vertragen sich sehr gut.*

Brottipp

Mit einem helleren Mischbrot bewusst genießen.

Leberpastete mit Kirschen

250 g Leber
(Schwein, Kalb oder Huhn)
2 Stk. Frühlingszwiebeln
1 EL Öl
1/16 l Kirschensaft
150 g Kirschen
(entkernt oder Kompottkirschen)
Salz
Pfeffer aus der Mühle

1 Leber in kleine Stücke schneiden.

2 Frühlingszwiebeln putzen und in feine Ringe schneiden.

3 Öl in einer Pfanne erhitzen. Darin die Zwiebelringe kurz anrösten, die Leberstücke dazugeben und durchbraten.

4 Mit Kirschensaft ablöschen. 2/3 der Kirschen dazugeben. Den Kirschensaft noch einreduzieren lassen.

5 Vom Herd nehmen und erst jetzt mit Salz und Pfeffer würzen. Auskühlen lassen.

6 Danach die Kirsch-Leber durch den Fleischwolf faschieren oder im Cutter fein hacken.

7 Aufstrich abschmecken und mit den restlichen Kirschen anrichten.

Tipp *Wem der Lebergeschmack zu intensiv ist, der kann einen Teil der Lebermenge durch Schulterfleisch oder Brustfilet desselben Tieres ersetzen.*

Brottipp

Als Brotempfehlung kann sowohl ein kräftiges Schwarzbrot wie auch ein knuspriges Weißgebäck genannt werden.

Honig-Wildblüten-Butter

15 g Wildblüten
(Rosenblütenblätter, Veilchen, Gundelrebe, Gänseblümchen, Goldmelisse, Kornblume …)
150 g Butter
20 g Honig
1 Prise Salz

1 Die Wildblüten sammeln und Blütenblätter abzupfen. Diese fein schneiden.

2 Butter mit dem Handrührgerät schaumig aufschlagen.

3 Honig und Salz unterrühren. Abschließend die vorbereiteten Blüten daruntermengen.

4 Butter abschmecken. Besonders hübsch ist diese Butter, wenn die Blüten möglichst bunt sind.

Tipp *Um die Blüten für das ganze Jahr haltbar zu machen, werden diese je nach Küchenausstattung im Dörrapparat oder im Backrohr bei 40 °C und leicht geöffneter Backofentür getrocknet und dann dunkel gelagert, damit sie die Farbe behalten. Wer keine Möglichkeit hat, die Blüten selber zu sammeln, kann im ausgewählten Handel (Gastroanbieter) getrocknete Blüten kaufen.*

Brottipp

Mit frischem Baguette und Blüten dekoriert servieren.

Marillen-Hüttenkäse-Aufstrich mit Zitronenmelisse

200 g Marillen
40 g Zucker
4 Melissenblätter
150 g Hüttenkäse
1 Prise Salz

1 Marillen halbieren und entkernen. Danach in kleine Stücke schneiden.

2 Zucker in einer Pfanne karamellisieren. Dazu den Zucker in die Pfanne geben und bei guter Hitze schmelzen lassen, bis dieser eine schöne braune Farbe hat.

3 Marillenwürfel dazugeben und gut umrühren. Nach einer Minute vom Herd nehmen und auskühlen lassen.

4 Melissenblätter fein schneiden.

5 Hüttenkäse, Marillenwürfel, Salz und Melisse in den Cutter geben und fein pürieren.

6 Aufstrich süß-würzig abschmecken.

Tipp *Wer es geistig liebt, kann die karamellisierten Marillen mit 2 Zentiliter Marillenlikör ablöschen.*

Brottipp

Mit leicht gesüßtem Weißbrot anbieten.

Heidelbeeraufstrich mit rotem Pfeffer

125 g Mascarino
125 g Topfen
50 g Honig
1 Prise Salz
1/2 TL rote Pfefferkörner
100 g Heidelbeeren
Saft von 1/2 Zitrone

Heidelbeeren und Pfefferkörner zum Bestreuen

1 Mascarino und Topfen gut verrühren. Honig und Salz dazugeben.

2 Pfefferkörner mörsern, mit den Heidelbeeren und dem Zitronensaft unter die Topfenmasse rühren, aber die Beeren dabei nicht ganz zerreißen.

3 Aufstrich abschmecken.

4 Mit Heidelbeeren und Pfefferkörnern bestreuen und hübsch anrichten.

Tipp *Anstelle von Heidelbeeren kann dieser Aufstrich auch mit gekochten Holunderbeeren und etwas Zimt zubereitet werden.*

Brottipp

Am besten zu Dinkel-Buchweizen-Brot servieren.

Frühstücksaufstrich mit Topfen und Marmelade

250 g Topfen
40 g Sauerrahm
1 Prise Salz
80 g Honig
Saft von 1 Limette
20 g Marillenmarmelade
20 g Heidelbeermarmelade
20 g Kirschenmarmelade
10 g Zucker

1 Topfen und Sauerrahm mit Salz, Honig und Limettensaft sehr gut verrühren.

2 Die Marmeladen dazugeben und mit einer Teigkarte ganz leicht vermengen, die Farben der Marmeladen sollen gut sichtbar bleiben.

3 Aufstrich wie gewünscht abschmecken.

Tipp *Diese einfache Aufstrichvariante kann ebenso pikant mit verschiedenen Pestos gemacht werden.*

Brottipp

Eine Scheibe Bauernbrot damit bestreichen und genießen!

Alphabetisches Rezeptregister

Alphabetisches Zutatenregister

Auflage:
2018 2017 2016 2015
4 3 2

Erlerstraße 10, A-6020 Innsbruck
E-Mail: loewenzahn@studienverlag.at
Internet: www.loewenzahn.at

Umschlag- und Buchgestaltung sowie grafische Umsetzung:
Johanna und Stefan Rasberger — www.labsal.at

Fotografien: Miguel Dieterich

Gedruckt auf umweltfreundlichem, chlor- und säurefrei gebleichtem Papier.

Bibliografische Information Der Deutschen Bibliothek
Die Deutsche Bibliothek verzeichnet diese Publikation in der Deutschen Nationalbibliografie; detaillierte bibliografische Daten sind im Internet über <http://dnb.ddb.de> abrufbar.

ISBN 978-3-7066-2572-2